초등국어 **한자가**
어휘력이다

확장 편 **3**

● 한자 연결고리 공부법

한자의 제자 원리를 연결고리로 활용하여
한자력을 폭발적으로 확장시키는 방법입니다.

복잡한 한자도 쪼개 보면 쉬운 한자들로 이루어져 있어요.

하나의 한자를 구성하는 낱낱의 한자들은
제자 원리에 따라 그 한자의 뜻이나 소리를 알려 주는 실마리가 됩니다.

'형성' 한자는 낱낱의 한자로
그 한자의 **소리**를 알 수 있고,

'회의' 한자는 낱낱의 한자로
그 한자의 **뜻**을 짐작할 수 있어요.

▶ 각 과에 나오는 '개별 한자'에는 '공통 한자'가 들어가며,
　뜻이나 소리가 서로 밀접한 관련을 맺고 있는 한자들을
　쉽게 기억할 수 있도록 도와주는 연결고리로 이어 놓았습니다.

▶ 한자가 쓰인 교과서 어휘를 분석적으로 파악하면서,
　한자의 의미를 더욱 충실히 이해할 수 있도록 구성하였습니다.

무엇을 배우나요?

한자

- 교육부 지정 **상용한자 중학교용 900자**를 바탕으로 하여,
  한 권에 60자씩 선별하였습니다.

- 교재의 단계가 올라갈수록 모양이 더욱 복잡한 한자를 다룹니다.

- 각 단원에 나오는 공통 한자와 그 공통 한자가 들어가는 개별 한자들은,
  부수가 아닌 소리나 모양을 연결고리로 하여 묶었습니다.
  따라서 학습자는 단번에 관련성을 파악하여, 한자를 쉽게 기억할 수 있습니다.

어휘

- 교재의 전체 단계에서 다루는 어휘는
  초등학교 5~6학년 교과서와 중학교 1학년 교과서 어휘입니다.

- 한자가 쓰인 교과서 어휘의 어려운 개념을 쉽게 풀어놓았으며,
  사자성어(혹은 네 글자 단어)를 통해 어휘력을 풍부하게 기르도록 하였습니다.

- **한 권에 어휘 240개와 사자성어 12개**를 학습합니다.

- 교재 본책과 활동지에 나오는 단어의 뜻풀이와 용례는
  국립국어원의 <표준국어대사전>과 <한국어기초사전>을 참고하였습니다.

[문 **문**]

→

[열 **개**]

양손으로 빗장을 풀어[廾]
문[門]을 여는 모양을 합했어요.

→

開 통

[열 **개**] [통할 **통**]

길, 다리, 전화, 통신 따위를
새롭게 **열어** 서로 통하게 함.

> 이 책의
구성과 특징

1.
단원에
들어가며

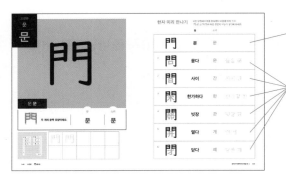

❶ 공통 한자 알기
공통 한자의 기본 정보를 알아요.

❷ 개별 한자 미리 만나기
공통 한자가 들어 있는
4~6개의 개별 한자를 살펴봐요.

2.
단원을
공부하며

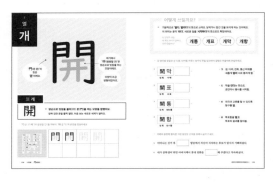

❸ 한자 학습하기
한자의 제자 원리를 활용한 설명으로
한자의 모양과 뜻, 소리를 쉽게 기억해요.

❹ 한자의 쓰임 파악하기
한자어와 그 뜻풀이를 연결해 보며
한자가 어떻게 쓰이는지 학습해요.

3.
단원을
마무리하며

❺ 배운 한자 갈무리하기
공통 한자와 개별 한자들의
관계를 생각하며 복습해요.

❻ 사자성어로 새겨보기
단원에서 배운 한자가 들어 있는
사자성어가 쓰이는 상황을 알아요.

<초등 국어 한자가 어휘력이다 확장 편> 부가 학습 자료
● 과별 추가 활동지   ● 단원별 복습 활동지

이렇게 공부해요!

▶ **생각 열기**
- ▶ 공통 한자와 개별 한자가 **어떤 연결고리로 이어져 있는지** 생각해 보세요.
- ▶ <초등 국어 한자가 어휘력이다>에서 배웠던 한자인지 확인해 보세요.

▶ **한자 쓰기**
- ▶ 합해지는 각각의 한자가 **어떤 의미를 가지는지 생각하며** 쓰세요.
- ▶ 키출판사 홈페이지에서 '한자 쓰기 노트'를 내려받아 활용하세요.

▶ **어휘 찾기**
- ▶ 네 개의 단어를 **국어사전**(종이 사전/인터넷 사전)에서 직접 찾아보세요.
- ▶ 단어가 다른 문장에서 어떻게 쓰이는지 사전의 **예문**을 찾아 읽어 보세요.

▶ **추가 학습**
- ▶ 한 과(개별 한자)를 마치면 '과별 추가 활동지'를 푸세요.
- ▶ 한 단원을 마치면 '단원별 복습 활동지'를 푸세요.
- ▶ 활동지를 풀 때 국어사전을 참고해도 좋아요.

'활동지'와 '한자 쓰기 노트'를 다운받으세요!

www.keymedia.co.kr

→ 키출판사 홈페이지 접속
→ 메인 화면 '초등 참고서 (국어)' 탭 클릭
→ '초등 국어 한자가 어휘력이다' 클릭
→ '자료실'에서 다운로드

> 차례

> 60일 공부 계획표

1주 心	1 志 ___월 ___일	2 悲 ___월 ___일	3 快 ___월 ___일	4 恨 ___월 ___일	5 必 ___월 ___일
2주 人	6 位 ___월 ___일	7 他 ___월 ___일	8 保 ___월 ___일	9 依 ___월 ___일	10 借 ___월 ___일
3주 女	11 如 ___월 ___일	12 好 ___월 ___일	13 始 ___월 ___일	14 安 ___월 ___일	15 要 ___월 ___일
4주 己	16 忌 ___월 ___일	17 記 ___월 ___일	18 紀 ___월 ___일	19 起 ___월 ___일	5주 辶
20 近 ___월 ___일	21 送 ___월 ___일	22 道 ___월 ___일	23 逆 ___월 ___일	24 速 ___월 ___일	25 進 ___월 ___일
6주 土	26 地 ___월 ___일	27 均 ___월 ___일	28 坐 ___월 ___일	29 堂 ___월 ___일	30 堅 ___월 ___일
7주 谷	31 容 ___월 ___일	32 俗 ___월 ___일	33 浴 ___월 ___일	34 欲 ___월 ___일	35 慾 ___월 ___일
8주 子	36 字 ___월 ___일	37 存 ___월 ___일	38 孝 ___월 ___일	39 學 ___월 ___일	40 孫 ___월 ___일
9주 手	41 扶 ___월 ___일	42 投 ___월 ___일	43 掌 ___월 ___일	44 拳 ___월 ___일	45 擧 ___월 ___일
10주 分	46 粉 ___월 ___일	47 紛 ___월 ___일	48 盆 ___월 ___일	49 貧 ___월 ___일	11주 門
50 問 ___월 ___일	51 間 ___월 ___일	52 閑 ___월 ___일	53 關 ___월 ___일	54 開 ___월 ___일	55 閉 ___월 ___일
12주 言	56 計 ___월 ___일	57 許 ___월 ___일	58 語 ___월 ___일	59 試 ___월 ___일	60 調 ___월 ___일

마음
심

마음 심

사람 몸속에 있는 심장의
모양이에요.

뜻	소리
마음	심

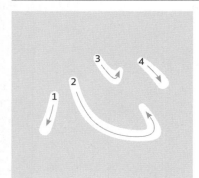

心	心			
忄	忄			

'心'은 옆에서 쓰일 때 '忄'으로 모양이 바뀌기도 해요.

한자 미리 만나기

이번 단원에서 배울 한자들의 이름을 따라 쓰고,
'心(마음 심)'의 뜻과 어떤 관련이 있는지 생각해 보세요.

	뜻	소리	
心	마음	심	
1 志	뜻	지	뜻 지
2 悲	슬프다	비	슬플 비
3 快	쾌하다	쾌	쾌할 쾌
4 恨	한	한	한 한
5 必	반드시	필	반드시 필

뜻
지

여기에서
'士(선비 사)'는

'가다'라는 뜻의
'之(갈 지)'가
변형된 모양이에요.

'心(마음 심)'의
뜻은
'마음'이에요.

뜻 지

志

● 마음[心]이 움직여 가는[之] 모양을 합했어요.

학문을 닦는 선비의 마음에는 남보다 더욱 강한 뜻이 있어요.

'心(마음 심)'에 '士(선비 사)'를 더하여, '志(뜻 지)'의 모양을 완성하세요.

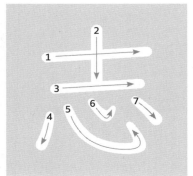

志	志	志	志	

어떻게 쓰일까요?

★ '뜻'은 무엇을 하겠다고 속으로 먹는 '마음'이에요.
특히 자신이 중요하다고 생각하는 어떤 일을 이루어 내려는 마음이에요.

이 한자가 쓰인
네 개의 단어가 있어요.
어떤 뜻일까요?

(지향) (동지) (투지) (의지력)

> 각 단어를 한글로 쓴 다음, 단어를 이루는 한자의 뜻을 참고하여 알맞은 뜻풀이에 연결하세요.

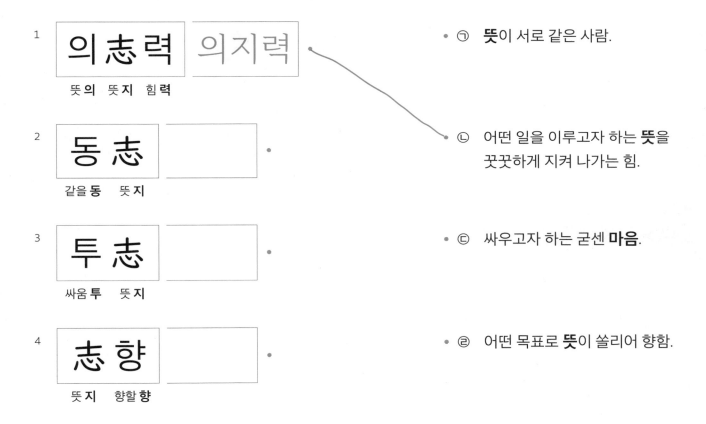

1 **의 志 력** 의지력
뜻 **의** 뜻 **지** 힘 **력**

2 **동 志**
같을 **동** 뜻 **지**

3 **투 志**
싸움 **투** 뜻 **지**

4 **志 향**
뜻 **지** 향할 **향**

- ㉠ **뜻**이 서로 같은 사람.

- ㉡ 어떤 일을 이루고자 하는 **뜻**을 꿋꿋하게 지켜 나가는 힘.

- ㉢ 싸우고자 하는 굳센 **마음**.

- ㉣ 어떤 목표로 **뜻**이 쏠리어 향함.

> 아래의 문장에 들어갈 가장 알맞은 단어를 위에서 골라 쓰세요.

5 그는 [   ] 들과 함께 뜻을 모아 사회를 변화시키기 위한 운동을 시작했다.

6 중요한 가치들을 무시한 채 오로지 성공만을 [   ] 하는 그의 모습이 불안하다.

슬플
비

非(아닐 비)'의
뜻은
'**아니다**'예요.

'**心**(마음 심)'의
뜻은
'**마음**'이에요.

슬플 비

悲

● 마음[心]이 영 아닌[非] 모양을 합했어요.

마음이 영 아니라는 것은, 좋지 않아 슬프다는 말이에요.

'心(마음 심)'에 '非(아닐 비)'를 더하여, '悲(슬플 비)'의 모양을 완성하세요.

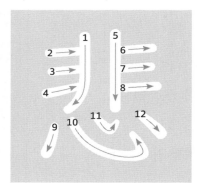

悲	悲	悲	悲	

★ 기본적으로 '**슬프다**'라는 의미로 쓰여요. 남의 어려운 처지를 자기 일처럼 생각하여 슬퍼하는 경우에는, 남을 '**가엾게 여기는 마음**'의 뜻으로도 확장되어 쓰여요.

이 한자가 쓰인
네 개의 단어가 있어요.
어떤 뜻일까요?

무자비   비명   비극   비통

> 각 단어를 한글로 쓴 다음, 단어를 이루는 한자의 뜻을 참고하여 알맞은 뜻풀이에 연결하세요.

1 悲 명
슬플 비   울 명
· · ㉠ 몹시 **슬퍼서** 마음이 아픔.

2 悲 극
슬플 비   심할 극
· · ㉡ **슬픈** 울음소리. 또는 크게 놀라거나 괴로울 때 내는 소리.

3 悲 통
슬플 비   아플 통
· · ㉢ 매우 **슬프고 비참한** 일.

4 무 자 悲
없을 무 사랑할 자 슬플 비
· · ㉣ 남을 깊이 사랑하고 **가엾게 여기는 마음**이 없이, 매섭고 독함.

> 아래의 문장에 들어갈 가장 알맞은 단어를 위에서 골라 쓰세요.

5 그는 우는 연기를 잘해서 이번 [   ]적인 영화의 주연으로 출연하게 되었다.

6 경찰이 학교 안으로 들어와 곤봉을 휘두르며 시위대를 [   ]하게 진압했다.

쾌할

쾌

'心(마음 심)'의
뜻은
'**마음**'이에요.

글자의
옆에서는
'忄'로 쓰여요.

'夬(터놓을 쾌)'의
뜻은
'**터놓다**'예요.

쾌할 쾌

快

● 마음[忄]이 확 트인[夬] 모양을 합했어요.

마음이 막힌 곳 없이 활짝 트이면 기분이 좋고 편안해요.

'忄(마음 심)'에 '夬(터놓을 쾌)'를 더하여, '快(쾌할 쾌)'의 모양을 완성하세요.

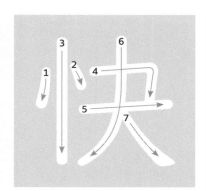

快	快	快	快	

★ '**쾌하다**'는 것은 '마음이 유쾌하다', '병이 다 나았다', '하는 짓이 시원스럽다'는 의미예요. 마음에 걸리는 것이 없이 '**즐겁고 상쾌하다**'는 뜻으로 쓰여요.

이 한자가 쓰인
네 개의 단어가 있어요.
어떤 뜻일까요?

(쾌청)　(쾌락)　(쾌활)　(불쾌감)

> 각 단어를 한글로 쓴 다음, 단어를 이루는 한자의 뜻을 참고하여 알맞은 뜻풀이에 연결하세요.

1　**快 활** [　　]

쾌할 **쾌**　살 **활**

2　**快 락** [　　]

쾌할 **쾌**　즐길 **락**

3　**快 청** [　　]

쾌할 **쾌**　갤 **청**

4　**불 快 감** [　　]

아닐 **불**　쾌할 **쾌**　느낄 **감**

・ ⊙ 구름 한 점 없이 **상쾌하도록** 하늘이 활짝 개어 날씨가 맑음.

・ ⓛ 별로 마음에 들지 않아 **기분이 좋지** 않은 느낌.

・ ⓒ **유쾌하고** 즐거움.

・ ⓔ **유쾌하고** 생기가 있음.

> 아래의 문장에 들어갈 가장 알맞은 단어를 위에서 골라 쓰세요.

5　내 동생의 밝고 [　　] 한 표정과 말투는 주위 사람까지 행복하게 만든다.

6　실없이 던진 한마디가 남에게 [　　] 을 느끼게 하여 상처를 줄 수도 있다.

한
한

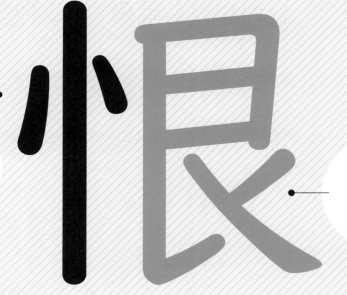

'心(마음 심)'의
뜻은
'**마음**'이에요.

글자의
옆에서는
'忄'로 쓰여요.

'艮(그칠 간)'의
뜻은 '**그치다,
머무르다**'예요.

한 **한**

恨

● 마음[忄]에 응어리가 머물러[艮] 있는 모양을 합했어요.
나쁜 감정이 풀리지 못하고 자꾸만 쌓이면 가슴속에 단단히 응어리져요.

'忄(마음 심)'에 '艮(그칠 간)'을 더하여, '恨(한 한)'의 모양을 완성하세요.

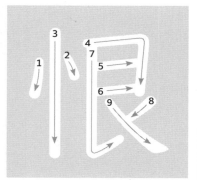

恨	恨	恨	恨	

★ '**한**'은 몹시 억울하거나 안타깝고 슬픈 감정이 풀리지 못하고 쌓여 덩어리처럼 된 마음이에요. '**불만스럽다**', '**후회하다**'의 뜻으로도 쓰여요.

이 한자가 쓰인
네 개의 단어가 있어요.
어떤 뜻일까요?

(여한) (애한) (원한) (한탄)

> 각 단어를 한글로 쓴 다음, 단어를 이루는 한자의 뜻을 참고하여 알맞은 뜻풀이에 연결하세요.

1 | 원 恨 |
원망할 **원**　한 **한**

2 | 恨 탄 |
한 **한**　탄식할 **탄**

3 | 애 恨 |
슬플 **애**　한 **한**

4 | 여 恨 |
남을 **여**　한 **한**

- ㉠ 슬퍼하고 **한스러워함**.

- ㉡ 원망스러운 일을 당하여 마음속에 쌓인 **한이나 불만**.

- ㉢ 풀지 못하고 남은 **한**.

- ㉣ **한스러운** 일이 있을 때 크게 한숨을 쉼.

> 아래의 문장에 들어갈 가장 알맞은 단어를 위에서 골라 쓰세요.

5　경찰은 사고를 당한 그와 [   ] 관계에 있는 사람이 있는지부터 조사했다.

6　십 년 전에 잃어버렸던 아들을 찾은 그녀는 이제 죽어도 [   ]이 없다고 했다.

반드시

필

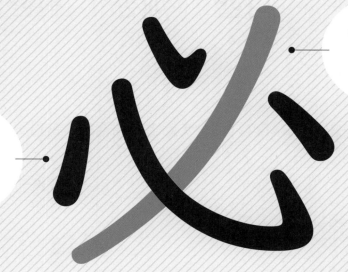

'心(마음 심)'의
뜻은
'**마음**'이에요.

여기에서
'丿(삐침 별)'은
말뚝의
모양이에요.

말뚝은
땅에 두드려 박아
세워 놓는
기둥이에요.

반드시 **필**

● 마음[心]에 말뚝[丿]을 박아 분명히 하는 모양을 합했어요.

땅에 말뚝을 세워 놓으면 땅의 경계가 틀림없이 분명해져요.

'心(마음 심)'을 꿰뚫는 말뚝을 박아, '必(반드시 필)'의 모양을 완성하세요.

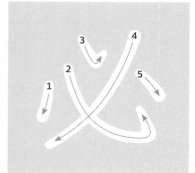

어떻게 쓰일까요?

★ 기본적으로 '**반드시, 틀림없이**'라는 의미로 쓰여요.
어떤 일을 기필코 이루어 내거나, 어떤 일에 조금도 어긋남이 없을 때 사용해요.

이 한자가 쓰인
네 개의 단어가 있어요.
어떤 뜻일까요?

(필요성) (필독서) (필수품) (필살기)

> 각 단어를 한글로 쓴 다음, 단어를 이루는 한자의 뜻을 참고하여 알맞은 뜻풀이에 연결하세요.

1 必수품 [　　　]
반드시 **필** 쓰일 **수** 물건 **품**

• ㉠ **반드시** 있어야 하는 중요한 성질.

2 必요성 [　　　]
반드시 **필** 중요할 **요** 성품 **성**

• ㉡ **반드시** 읽어야 할 책.

3 必독서 [　　　]
반드시 **필** 읽을 **독** 글 **서**

• ㉢ 사람을 **틀림없이** 죽이는 기술.

4 必살기 [　　　]
반드시 **필** 죽일 **살** 재주 **기**

• ㉣ 일상생활에 없어서는 안 되는 **반드시** 쓰이는 물건.

> 아래의 문장에 들어갈 가장 알맞은 단어를 위에서 골라 쓰세요.

5 컴퓨터는 매일같이 인터넷을 접하며 살아가는 현대인의 [　　　]이다.

6 담임 선생님은 각 학년별로 꼭 읽어야 할 [　　　] 목록을 나눠 주셨다.

心
마음 심

> 사람 몸속에 있는 심장의 모양이에요.
> 한자 '心(마음 심)의 뜻은 '**마음**'이에요.

공통으로 들어가는 흐린 한자를 따라 써서,
이 단원에서 배운 한자들을 완성하세요.

志
뜻 지

悲
슬플 비

快
쾌할 쾌

恨
한 한

必
반드시 필

아래 문장을 읽고 알맞은 설명이 되도록 ◯ 하세요.

한자 '志, 悲, 快, 恨, 必' 모두

'心(마음 심)'의 | **뜻(모양)**과 | **소리**와 | 더욱 밀접한 관계를 맺고 있어요.

초	지	일	관
初	志	一	貫
처음 초	뜻 지	한 일	꿸 관

'초지일관'은 위의 네 한자로 이루어진 말이에요.
이 단어는 '처음의 **뜻**을 하나로 꿴다.'라는 의미로,
처음에 세운 뜻을 끝까지 밀고 나간다는 뜻이에요.
처음부터 끝까지 변함없이, 무엇을 이루고자 하는
강한 의지를 가지고 있을 때 사용해요.

예문을 통해 '초지일관'이 어떻게 쓰이는지 파악하고,
마지막 예문을 직접 만들어 써 보세요.

● 나는 삼 학년 때부터 **초지일관**으로 좋아하고 있는 사람이 한 명 있다.

● 선생님께서 학기 초에 세운 계획을 잘 지키고 있는 나의 **초지일관**을 칭찬하셨다.

▶

사람 **인**

 사람이 서 있는
모양이에요.

뜻

사람

소리

인

'人'은 옆에서 쓰일 때 '亻'으로 모양이 바뀌기도 해요.

한자 미리 만나기

이번 단원에서 배울 한자들의 이름을 따라 쓰고,
'人(사람 인)'의 뜻과 어떤 관련이 있는지 생각해 보세요.

	한자	뜻	소리	
	人	사람	인	
1	位	자리	위	자리 위
2	他	다르다	타	다를 타
3	保	지키다	보	지킬 보
4	依	의지하다	의	의지할 의
5	借	빌리다	차	빌릴 차

자리

위

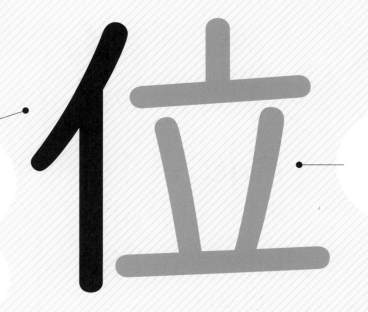

'人(사람 인)'의
뜻은
'**사람**'이에요.

글자의
옆에서는
'亻'으로 쓰여요.

'立(설 립)'의
뜻은
'**서다**'예요.

자리 **위**

位

● 사람[亻]이 서[立] 있는 위치라는 모양을 합했어요.
옛날에는 궁전에서 신하들이 서 있는 위치도 신분에 따라 달랐다고 해요.

'亻(사람 인)'에 '立(설 립)'을 더하여, '位(자리 위)'의 모양을 완성하세요.

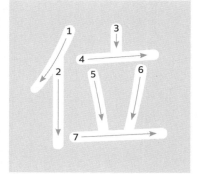

位 位 位 位

어떻게 쓰일까요?

★ '**자리**'는 사람이나 물체가 차지하고 있는 실제 공간을 뜻하기도 하지만,
어떤 조직에서 맡은 일이나 신분에 따른 사회적인 '**위치**'를 뜻하기도 해요.

이 한자가 쓰인
네 개의 단어가 있어요.
어떤 뜻일까요?

(왕위) (지위) (위상) (우위)

> 각 단어를 한글로 쓴 다음, 단어를 이루는 한자의 뜻을 참고하여 알맞은 뜻풀이에 연결하세요.

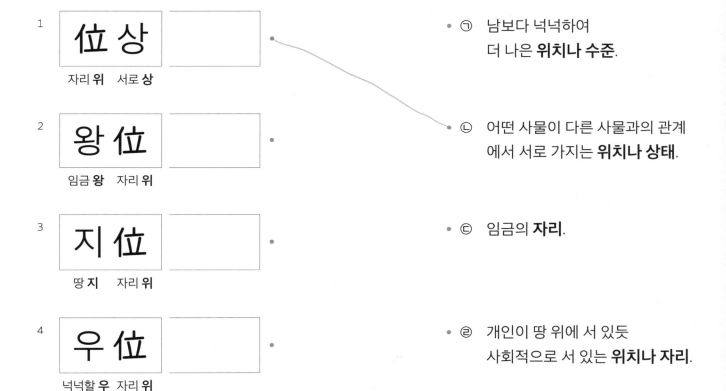

1 位 상
자리 **위** 서로 **상**

2 왕 位
임금 **왕** 자리 **위**

3 지 位
땅 **지** 자리 **위**

4 우 位
넉넉할 **우** 자리 **위**

• ㉠ 남보다 넉넉하여
더 나은 **위치나 수준**.

• ㉡ 어떤 사물이 다른 사물과의 관계
에서 서로 가지는 **위치나 상태**.

• ㉢ 임금의 **자리**.

• ㉣ 개인이 땅 위에 서 있듯
사회적으로 서 있는 **위치나 자리**.

> 아래의 문장에 들어갈 가장 알맞은 단어를 위에서 골라 쓰세요.

5 왕의 아들들은 서로 왕이 되겠다고 [   ] 다툼을 벌였다.

6 사람은 높은 [   ]에 오를수록 더 겸손하고 아랫사람을 존중해야 한다.

다를
타

'人(사람 인)'의
뜻은
'**사람**'이에요.

글자의
옆에서는
'**亻**'으로 쓰여요.

뱀의 모양인
'**也**(어조사 야)'의
소리는
'**야**'예요.

이 소리가
변하기도 해요.

다를 **타**

他

- '亻'의 뜻[사람]과 '也'의 소리[야→타]를 가졌어요.

  사람과 뱀은 아주 다르게 생겼어요.

'亻(사람 인)'에 '也(어조사 야)'를 더하여, '他(다를 타)'의 모양을 완성하세요.

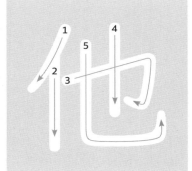

他	亻也	他	他

어떻게 쓰일까요?

★ 기본적으로 '**다르다**'의 뜻으로 쓰여요.
나와 다르다는 의미에서 '**남, 다른 사람**'의 뜻으로도 확장되어 쓰여요.

이 한자가 쓰인
네 개의 단어가 있어요.
어떤 뜻일까요?

타국   타인   타율   타향

> 각 단어를 한글로 쓴 다음, 단어를 이루는 한자의 뜻을 참고하여 알맞은 뜻풀이에 연결하세요.

1. 他 인 [   ]   •
   다를 **타** 사람 **인**

2. 他 향 [   ]   •
   다를 **타** 시골 **향**

3. 他 국 [   ]   •
   다를 **타** 나라 **국**

4. 他 율 [   ]   •
   다를 **타** 법 **률**

• ㉠ 자기 고향이 아닌 **다른** 지역.

• ㉡ 자신의 의지가 아닌 **다른 사람**의
      명령에 따라 움직이는 일.

• ㉢ 자기 나라가 아닌 **남**의 나라.

• ㉣ **다른** 사람.

> 아래의 문장에 들어갈 가장 알맞은 단어를 위에서 골라 쓰세요.

5. 미국으로 유학을 간 언니는 낯선 [   ] 생활에 곧잘 적응을 했다.

6. 그는 스스로 찾아서 일하기보다는 남이 시키는 일만 하는 [   ] 적인 사람이다.

지킬

보

'人(사람 인)'의
뜻은
'**사람**'이에요.

글자의
옆에서는
'亻'으로 쓰여요.

'呆(어리석을 매)'는
포대기에 싸인 아이의
모양이에요.

지킬 보

保

● 사람[亻]이 포대기에 싸인 아이[呆]를 업고 있는 모양을 합했어요.
포대기에 싸인 연약한 갓난아이는 지키고 보호해야 할 존재예요.

'亻(사람 인)'에 '呆(어리석을 매)'를 더하여, '保(지킬 보)'의 모양을 완성하세요.

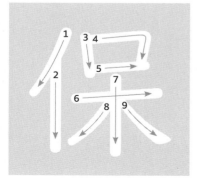

保	保	保	保	

★ 기본적으로 '**지키다, 보호하다**'의 뜻으로 쓰여요.
현재 상황을 그대로 지킨다는 의미에서 '**유지하다**'의 뜻으로도 확장되어 쓰여요.

이 한자가 쓰인
네 개의 단어가 있어요.
어떤 뜻일까요?

보장   안보   보존   보온병

> 각 단어를 한글로 쓴 다음, 단어를 이루는 한자의 뜻을 참고하여 알맞은 뜻풀이에 연결하세요.

1 保온병 ☐

지킬 **보** 따뜻할 **온** 병 **병**

2 保존 ☐

지킬 **보** 있을 **존**

3 保장 ☐

지킬 **보** 막을 **장**

4 안保 ☐

편안할 **안** 지킬 **보**

- ㉠ 중요한 것을 잘 **보호하여** 그대로 있게 함.

- ㉡ 국가와 국민의 안전을 **지키는** 일.

- ㉢ 물이나 음료를 따뜻하게 **유지해** 주는 병.

- ㉣ 어떤 일이 잘 이루어지도록 **보호하거나** 막아 줌.

> 아래의 문장에 들어갈 가장 알맞은 단어를 위에서 골라 쓰세요.

5 전자 제품을 살 때에는 무료 수리를 얼마나 ☐ 해 주는지 따져 보아야 한다.

6 정부는 수도인 서울의 ☐ 체제를 더욱 강화하겠다고 발표했다.

의지할
의

'人(사람 인)'의
뜻은
'**사람**'이에요.

글자의
옆에서는
'亻'으로 쓰여요.

'衣(옷 의)'의
뜻은
'**옷**'이에요.

● 사람[亻]이 옷[衣]에 의지하는 모양을 합했어요.

사람은 몸을 따뜻하게 하거나 보호하기 위하여 옷에 의지해요.

'亻(사람 인)'에 '衣(옷 의)'를 더하여, '依(의지할 의)'의 모양을 완성하세요.

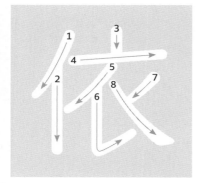

依 依 依 依

어떻게 쓰일까요?

★ **'의지한다'**는 것은 다른 것에 몸을 기대는 것이에요.
몸이 아니라 마음을 의지한다면, 다른 것에 마음을 기대어 도움을 받는다는 뜻이에요.

이 한자가 쓰인
네 개의 단어가 있어요.
어떤 뜻일까요?

> 각 단어를 한글로 쓴 다음, 단어를 이루는 한자의 뜻을 참고하여 알맞은 뜻풀이에 연결하세요.

1 **依 뢰** [   ]

의지할 **의** 힘입을 **뢰**

2 **依 존 도** [   ]

의지할 **의** 있을 **존** 법도 **도**

3 **依 타 심** [   ]

의지할 **의** 다를 **타** 마음 **심**

4 **귀 依** [   ]

돌아올 **귀** 의지할 **의**

• ㉠ 남에게 **의지하여**
어떤 일을 부탁함.

• ㉡ 자연 등으로 돌아가서
몸을 **의지함**.

• ㉢ 다른 것에 **의지하여** 있는 정도.

• ㉣ 남에게 **의지하려는** 마음.

> 아래의 문장에 들어갈 가장 알맞은 단어를 위에서 골라 쓰세요.

5 보석의 주인은 전문가에게 그 보석이 진짜인지 살펴봐 줄 것을 [   ] 했다.

6 할머니는 자연에 [   ] 하고 싶으니, 나중에 자신의 뼛가루를 강에 뿌려 달라고 하셨다.

빌릴
차

'人(사람 인)'의
뜻은
'**사람**'이에요.

글자의
옆에서는
'亻'으로 쓰여요.

'昔(예 석)'의
소리는
'**석**'이에요.

이 소리가
변하기도 해요.

빌릴 **차**

借

● '亻'의 뜻[사람]과 '昔'의 소리[석→차]를 가졌어요.

예부터 서로 오래도록 본 사람들은 부족한 것을 빌려주며 돕고 살아요.

'亻(사람 인)'에 '昔(예 석)'을 더하여, '借(빌릴 차)'의 모양을 완성하세요.

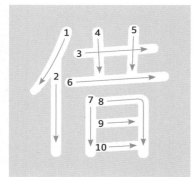

借	借	借	借	

★ 기본적으로 '**빌리다, 꾸다**'라는 뜻으로 쓰여요.
남의 물건이나 돈을 나중에 도로 갚기로 약속하고, 얼마 동안 내가 쓰는 것이에요.

이 한자가 쓰인
네 개의 단어가 있어요.
어떤 뜻일까요?

차관　임차인　차용증　음차

> 각 단어를 한글로 쓴 다음, 단어를 이루는 한자의 뜻을 참고하여 알맞은 뜻풀이에 연결하세요.

1　借 관 ☐
　　빌릴 **차**　돈 **관**

　　　　　　　　　• ㉠ 한 나라가 다른 나라로부터
　　　　　　　　　　　빌린 돈.

2　借 용 증 ☐
　　빌릴 **차**　쓸 **용**　증거 **증**

　　　　　　　　　• ㉡ 어떤 언어의 소리를
　　　　　　　　　　　다른 문자를 **빌려** 적는 일.

3　임 借 인 ☐
　　품팔이 **임**　빌릴 **차**　사람 **인**

　　　　　　　　　• ㉢ 남의 돈이나 물건을 **빌린** 것을
　　　　　　　　　　　증명하는 문서.

4　음 借 ☐
　　소리 **음**　빌릴 **차**

　　　　　　　　　• ㉣ 돈을 내고 남의 물건을
　　　　　　　　　　　빌려 쓰는 사람.

> 아래의 문장에 들어갈 가장 알맞은 단어를 위에서 골라 쓰세요.

5　영어 단어 'jelly'를 우리나라 문자인 '젤리'라고 적는 것이 바로 ☐ 이다.

6　그 사람은 자식에게도 ☐ 작성을 요구할 만큼 철저한 성격이다.

人
사람 인

> 사람이 서 있는 모양이에요.
> 한자 '人(사람 인)'의 뜻은 '**사람**'이에요.

공통으로 들어가는 흐린 한자를 따라 써서,
이 단원에서 배운 한자들을 완성하세요.

位	他	保
자리 위	다를 타	지킬 보
依	借	
의지할 의	빌릴 차	

아래 문장을 읽고 알맞은 설명이 되도록 ○ 하세요.

한자 '位, 他, 保, 依, 借' 모두

'人(사람 인)'의   **뜻(모양)**과 | **소리**와   더욱 밀접한 관계를 맺고 있어요.

타	산	지	석
他	山	之	石
다를 **타**	메 **산**	갈 **지**	돌 **석**

'타산지석'은 위의 네 한자로 이루어진 말이에요.
이 단어의 겉으로 드러난 의미는 '**다른** 산의 돌'로,
이 말은 곧, 다른 산에 있는 거칠고 못난 돌이라도
내가 가져와 옥돌을 가는 데에 쓰면
아름다운 보석을 얻을 수도 있다는 의미예요.
다른 사람의 나쁜 점을 보고
오히려 나를 갈고닦는 교훈으로 삼을 수 있어요.

예문을 통해 '타산지석'이 어떻게 쓰이는지 파악하고,
마지막 예문을 직접 만들어 써 보세요.

● 나는 시험 준비를 벼락치기로 했다가 망한 친구를 **타산지석**으로 삼았다.

● 기분 나쁜 말을 들었지만 **타산지석**으로 여기고자 하니 마음이 가벼워졌다.

▶

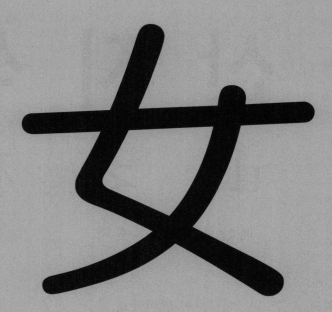

여자 녀

두 손을 모으고 앉아 있는
모양이에요.

뜻	소리
여자	녀

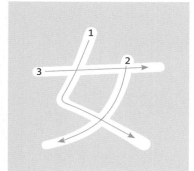

女	女			

한자 미리 만나기

이번 단원에서 배울 한자들의 이름을 따라 쓰고,
'女(여자 녀)'의 뜻과 어떤 관련이 있는지 생각해 보세요.

	뜻	소리	
女	여자	녀	
1 如	같다	여	같을 여
2 好	좋다	호	좋을 호
3 始	비로소	시	비로소 시
4 安	편안하다	안	편안할 안
5 要	중요하다	요	중요할 요

같을
여

'**女**(여자 녀)'는 두 손을 모으고 앉아 있는 모양이에요.

'**口**(입 구)'의 뜻은 '**입**'이에요.

같을 여

如

● 가만히 앉아[女] 다른 사람의 말[口]에 따르는 모양을 합했어요.
다른 사람의 말에 따른다는 것은 그 사람과 뜻을 같이한다는 것이에요.

'**女**(여자 녀)'에 '**口**(입 구)'를 더하여, '**如**(같을 여)'의 모양을 완성하세요.

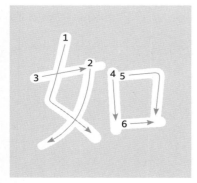

如	如	如	如	

★ 기본적으로 '**같다, 같게 하다**'라는 의미로 쓰여요. '**~같이**', '**~대로**'의 뜻으로도 쓰여요.
무엇과 같게 한다는 의미에서 '**당연히 ~하여야 한다**'의 뜻으로도 확장되어요.

이 한자가 쓰인
네 개의 단어가 있어요.
어떤 뜻일까요?

(여전히) (여의주) (여의봉) (결여)

> 각 단어를 한글로 쓴 다음, 단어를 이루는 한자의 뜻을 참고하여 알맞은 뜻풀이에 연결하세요.

1 **如**의봉 ⬚

같을 **여** 뜻 **의** 몽둥이 **봉**

2 **如**의주 ⬚

같을 **여** 뜻 **의** 구슬 **주**

3 **如**전히 ⬚

같을 **여** 앞 **전**

4 결 **如** ⬚

없을 **결** 같을 **여**

• ㉠ 자기 뜻**대로** 길이를 조절하여 쓸 수 있다는 몽둥이.

• ㉡ **당연히** 있**어야 할** 것이 없음.

• ㉢ 무엇이든 뜻하는 **대로** 만들어 내는, 용이 물고 있다는 구슬.

• ㉣ 전과 **같이**.

> 아래의 문장에 들어갈 가장 알맞은 단어를 위에서 골라 쓰세요.

5 손오공은 평소에는 ⬚ 의 크기를 아주 작게 조절하여 귓속에 넣고 다닌다고 한다.

6 십 년 만에 본 나의 소꿉친구는 ⬚ 웃음이 많았다.

좋을
호

'**女**(여자 녀)'의
뜻은
'**여자**'예요.

'**子**(아들 자)'의
뜻은
'**아들, 남자**'예요.

좋을 호

好

● 여자[女]와 남자[子]가 함께 있어서 서로 좋은 모양을 합했어요.

어머니가 자식을 보고 좋아하는 모양으로 볼 수도 있어요.

'**女**(여자 녀)'에 '**子**(아들 자)'를 더하여, '**好**(좋을 호)'의 모양을 완성하세요.

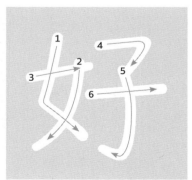

好	好	好	好	

어떻게 쓰일까요?

★ 기본적으로 '**좋다**'의 뜻으로 쓰여요.
어떤 것에 대하여 좋은 느낌을 가진다는 '**좋아하다**'의 뜻으로도 쓰여요.

이 한자가 쓰인
네 개의 단어가 있어요.
어떤 뜻일까요?

(동호회) (선호도) (기호품) (호감)

> 각 단어를 한글로 쓴 다음, 단어를 이루는 한자의 뜻을 참고하여 알맞은 뜻풀이에 연결하세요.

1 好 감
좋을 호   느낄 감

2 기 好 품
즐길 기 좋을 호 물건 품

3 선 好 도
가릴 선 좋을 호 법도 도

4 동 好 회
같을 동 좋을 호 모일 회

- ㉠ 여럿 가운데 어떤 것을 특히 가려 더 **좋아하는** 정도.

- ㉡ 독특한 향기나 맛이 있어 즐기고 **좋아하는** 물품.

- ㉢ **좋은** 감정.

- ㉣ 같은 것을 **좋아하여** 함께 즐기는 사람들의 모임.

> 아래의 문장에 들어갈 가장 알맞은 단어를 위에서 골라 쓰세요.

5 그는 모든 사람들에게 친절하고 상냥해서 보면 볼수록 [   ] 가는 사람이다.

6 외국인이 좋아하는 한국 요리 [   ] 조사 결과, 불고기가 일 등을 차지했다.

비로소
시

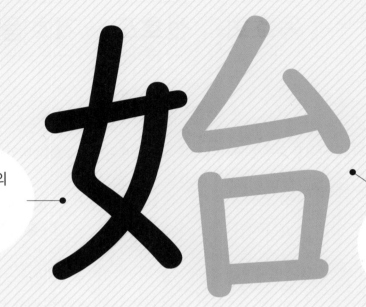

'**女**(여자 녀)'의
뜻은
'**여자**'예요.

'**台**(기를 이)'의
뜻은
'**기르다**'예요.

비로소 **시**

始

● 여자[女]가 배 속에서부터 아이를 기르는[台] 모양을 합했어요.
어머니의 배 속에서 비로소 아기의 생명이 시작되어요.

'**女**(여자 녀)'에 '**台**(기를 이)'를 더하여, '**始**(비로소 시)'의 모양을 완성하세요.

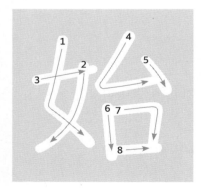

始	始	始	始	

★ '**비로소**'는 이제까지 이루어지지 않았던 어떤 일이 이루어지기 시작함을 뜻하는 말이에요.
이 의미는 '**먼저**', '**처음**'에서 더 나아가 '**옛날에**'의 뜻으로도 확장되어요.

이 한자가 쓰인
네 개의 단어가 있어요.
어떤 뜻일까요?

(개시) (시동) (창시자) (원시인)

> 각 단어를 한글로 쓴 다음, 단어를 이루는 한자의 뜻을 참고하여 알맞은 뜻풀이에 연결하세요.

1 **始 동**
비로소 **시**   움직일 **동**

⑦ 어떤 일이나 사상, 이론 등을 **처음** 시작한 사람.

2 **개 始**
열 **개**   비로소 **시**

ⓒ 아주 **먼 옛날에** 살던 사람들.

3 **원 始 인**
근원 **원** 비로소 **시** 사람 **인**

ⓒ 행동이나 일 따위를 **처음** 시작함.

4 **창 始 자**
시작할 **창** 비로소 **시** 사람 **자**

ⓔ **처음으로** 움직이기 시작함.
또는 그렇게 되게 함.

> 아래의 문장에 들어갈 가장 알맞은 단어를 위에서 골라 쓰세요.

5 사건의 진실을 밝히기 위해 이루어진 특별 조사 팀이 내일부터 활동을 [   ]한다.

6 나는 서양 철학의 [   ]인 소크라테스를 존경하는 사람으로 꼽는다.

편안할

안

'宀(집 면)'의
뜻은
'**집**'이에요.

'**女**(여자 녀)'의
뜻은
'**여자**'예요.

편안할 안

● 집[宀] 아래에 여자[女]가 편안히 앉아 있는 모양을 합했어요.
집에 가만히 앉아 있으면 몸과 마음이 편하고 좋아요.

'**女**(여자 녀)'에 '宀(집 면)'을 더하여, '安(편안할 안)'의 모양을 완성하세요.

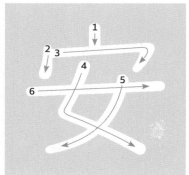

安	安	安	安	

★ 기본적으로 편하고 걱정 없이 좋다는 **'편안하다'**의 뜻으로 쓰여요.
'편안', **'편안하게 하다'**의 뜻으로도 쓰여요.

이 한자가 쓰인
네 개의 단어가 있어요.
어떤 뜻일까요?

안락   위안   보안   안식처

> 각 단어를 한글로 쓴 다음, 단어를 이루는 한자의 뜻을 참고하여 알맞은 뜻풀이에 연결하세요.

1 **安**식처 [   ] •

편안할 **안** 숨쉴 **식** 곳 **처**

• ㉠ 몸과 마음이 **편안하고** 즐거움.

2 **安**락 [   ] •

편안할 **안** 즐길 **락**

• ㉡ 위로하여 마음을 **편하게** 함.

3 위**安** [   ] •

위로할 **위** 편안할 **안**

• ㉢ **편안하고 안전한** 상태로 지키고 보호함.

4 보**安** [   ] •

지킬 **보** 편안할 **안**

• ㉣ **편히** 쉬는 곳.

> 아래의 문장에 들어갈 가장 알맞은 단어를 위에서 골라 쓰세요.

5 그는 [   ]한 가정에서 태어나 가난을 모르고 자랐다.

6 남이 알아서는 안 될 비밀문서를 다룰 때는 [   ]에 신경 써야 한다.

중요할
요

'女(여자 녀)'가
들어 있는

'要'는
허리에 손을 짚고
서 있는 여자를
본뜬 모양이에요.

그 한자 자체로
어떤 모양을
그대로 본뜬
상형 문자예요.

중요할 요

要

● 허리에 손을 짚고 서 있는 여자의 모양이에요.

허리는 우리 몸 전체의 균형을 잡아 주는 아주 중요한 부분이에요.

허리에 손을 올린 여자의 모양을 상상하면서, '要(중요할 요)'의 모양을 완성하세요.

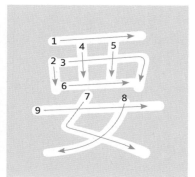

要	要	要	要	

★ 기본적으로 '**중요하다**'라는 뜻이에요. 꼭 필요하고 중요하다는 '**요긴하다**'의 뜻도 있어요. 무엇이 꼭 있어야 한다는 의미에서 '**원하다, 요구하다**'의 뜻으로도 확장되어요.

이 한자가 쓰인 네 개의 단어가 있어요. 어떤 뜻일까요?

(강요) (요충지) (요약) (요인)

> 각 단어를 한글로 쓴 다음, 단어를 이루는 한자의 뜻을 참고하여 알맞은 뜻풀이에 연결하세요.

1 **要 약** [　　　]

중요할 **요** 줄일 **약**

⊙ 사물이나 사건 등이 이루어지는 **중요한** 원인.

2 **要 인** [　　　]

중요할 **요** 인할 **인**

ⓒ 교통이나 상업, 군사적인 면에서 **아주 중요한** 길이 되는 지역.

3 **要 충지** [　　　]

중요할 **요** 길 **충** 땅 **지**

ⓒ 말이나 글에서 **중요한** 것을 골라 간단하게 줄임.

4 **강 要** [　　　]

강제할 **강** 중요할 **요**

ⓔ 억지로 또는 강제로 **요구함**.

> 아래의 문장에 들어갈 가장 알맞은 단어를 위에서 골라 쓰세요.

5 이 긴 소설의 주제를 간단히 [　　　]하면, 부모님께 효도해야 된다는 것이다.

6 우리 동네는 고속 도로와 철도가 모두 개통된 교통의 [　　　]이다.

> 두 손을 모으고 앉아 있는 모양이에요.
> 한자 '女(여자 녀)'의 뜻은 '여자'예요.

공통으로 들어가는 흐린 한자를 따라 써서,
이 단원에서 배운 한자들을 완성하세요.

女 여자 녀

如 같을 여

好 좋을 호

始 비로소 시

安 편안할 안

要 중요할 요

아래 문장을 읽고 알맞은 설명이 되도록 ○ 하세요.

한자 '如, 好, 始, 安, 要' 모두

'女(여자 녀)'의 | 뜻(모양)과 | 소리와 | 더욱 밀접한 관계를 맺고 있어요.

좌	불	안	석
坐	不	安	席
앉을 **좌**	아닐 **불**	편안할 **안**	자리 **석**

'좌불안석'은 위의 네 한자로 이루어진 말이에요.
이 단어는 '앉아도 자리가 **편안하지** 않다.'라는
의미로, 마음이 불안하거나 걱정스러워서
한군데에 가만히 앉아 있지 못하고
안절부절못하는 모양을 이르는 말이에요.

예문을 통해 '좌불안석'이 어떻게 쓰이는지 파악하고,
마지막 예문을 직접 만들어 써 보세요.

- 나는 부모님께 거짓말을 한 뒤로 하루 종일 **좌불안석**으로 있었다.

- 그녀는 전쟁터에 나간 아들이 걱정되어 밤이 새도록 **좌불안석**이었다.

▶

몸 기

 실 끝이 구부러진
모양이에요.

뜻	소리
몸	기

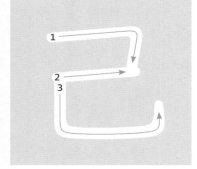

己	己			

한자 미리 만나기

이번 단원에서 배울 한자들의 이름을 따라 쓰고,
'己(몸 기)'의 소리와 어떤 관련이 있는지 생각해 보세요.

	뜻	소리	
己	몸	기	
1 忌	꺼리다	기	꺼릴 기
2 記	기록하다	기	기록할 기
3 紀	벼리	기	벼리 기
4 起	일어나다	기	일어날 기

꺼릴
기

'己(몸 기)'의
소리는
'**기**'예요.

'心(마음 심)'의
뜻은
'**마음**'이에요.

꺼릴 **기**

忌

● '心'의 뜻[마음]과 '己'의 소리[기]를 가졌어요.

마음이 편하지 못하게 구부러지도록 만드는 것은 피하게 되어요.

'**己(몸 기)**'에 '**心(마음 심)**'을 더하여, '**忌(꺼릴 기)**'의 모양을 완성하세요.

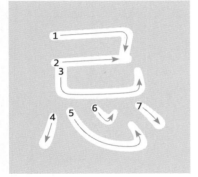

己	己	忌	忌	

★ **'꺼린다'**는 것은 자신에게 피해가 될 것 같은 것을 **'피하거나 싫어하는'** 것이에요.
너무 조심스러워 다른 일을 하기가 꺼려지는 **'제삿날'**을 뜻하기도 해요.

이 한자가 쓰인
네 개의 단어가 있어요.
어떤 뜻일까요?

 시기   기일   기피 금기

> 각 단어를 한글로 쓴 다음, 단어를 이루는 한자의 뜻을 참고하여 알맞은 뜻풀이에 연결하세요.

1
금 忌
금할 **금**   꺼릴 **기**

• ㉠ **꺼리거나 싫어하여** 피함.

2
시 忌
샘할 **시**   꺼릴 **기**

• ㉡ 해마다 돌아오는
제사를 지내는 날.

3
忌 피
꺼릴 **기**   피할 **피**

• ㉢ 종교나 오래된 습관 등의 이유로
하지 않거나 **꺼리는** 일.

4
忌 일
꺼릴 **기**   날 **일**

• ㉣ 남이 잘되는 것을 샘하여 **미워함**.

> 아래의 문장에 들어갈 가장 알맞은 단어를 위에서 골라 쓰세요.

5 조선 시대에는 머리카락을 자르는 것이 불효라고 하여 [   ] 사항이었다.

6 주위 사람들은 그의 뛰어난 능력을 [   ] 하고 질투했다.

기록할
기

'言(말씀 언)'의
뜻은
'**말씀**'이에요.

'己(몸 기)'의
소리는
'**기**'예요.

기록할 기

記

- '言'의 뜻[말씀]과 '己'의 소리[기]를 가졌어요.

  구부러진 것을 바로잡으려면 말로써 기록하여 정리해야 해요.

'己(몸 기)'에 '言(말씀 언)'을 더하여, '記(기록할 기)'의 모양을 완성하세요.

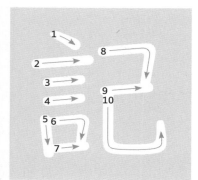

記	記	記	記	

★ '**기록한다**'는 것은 주로 훗날에 남길 목적으로 어떤 사실을 적는다는 의미예요.
기본적으로 일반적인 '**적다, 쓰다**'의 뜻으로 확장되어 쓰여요.

이 한자가 쓰인
네 개의 단어가 있어요.
어떤 뜻일까요?

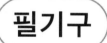

(필기구) (사기) (수기) (기자)

> 각 단어를 한글로 쓴 다음, 단어를 이루는 한자의 뜻을 참고하여 알맞은 뜻풀이에 연결하세요.

1 **필 記 구** [   ] •
붓 **필** 기록할 **기** 갖출 **구**

2 **記 자** [   ] •
기록할 **기** 사람 **자**

3 **수 記** [   ] •
손 **수** 기록할 **기**

4 **사 記** [   ] •
역사 **사** 기록할 **기**

• ㉠ 글씨를 **쓰는** 데 사용하는
여러 종류의 물건.

• ㉡ 역사적 사실을 **기록한** 책.

• ㉢ 신문, 방송 등에 실을
기사를 **쓰는** 사람.

• ㉣ 글이나 글씨를
자기 손으로 직접 **씀**.

> 아래의 문장에 들어갈 가장 알맞은 단어를 위에서 골라 쓰세요.

5 책상 서랍에는 종이나 붓, 볼펜, 연필 따위의 [   ]가 가득하다.

6 신청서를 제출하시려면 빈칸을 [   ]로 작성해 주세요.

벼리

기

'糸(실 사)'의
뜻은
'가는 실'이에요.

'己(몸 기)'의
소리는
'기'예요.

벼리 기

紀

- '糸'의 뜻[가는 실]과 '己'의 소리[기]를 가졌어요.

  그물을 오므렸다 폈다 하려면, 그물 전체를 엮어 놓은 맨 위쪽의 줄을 찾아 잡아당겨야 해요.

'己(몸 기)'에 '糸(실 사)'를 더하여, '紀(벼리 기)'의 모양을 완성하세요.

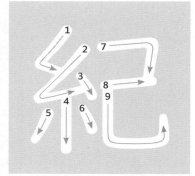

紀	紀	紀	紀	

어떻게 쓰일까요?

★ '**벼리**'는 그물의 위쪽 코를 꿰는 줄이에요. 그물이 헝클어지지 않게 잡아 주니 '**규칙**'이라는 뜻으로 확장되고, 무엇을 구분하는 '**기준이 되는 해**', '**세월**'의 뜻으로도 확장되어 쓰여요.

이 한자가 쓰인
네 개의 단어가 있어요.
어떤 뜻일까요?

(기원) (기행문) (기강) (세기)

> 각 단어를 한글로 쓴 다음, 단어를 이루는 한자의 뜻을 참고하여 알맞은 뜻풀이에 연결하세요.

1 紀 원 [   ]
벼리 **기** 처음 **원**

2 紀 행 문 [   ]
벼리 **기** 다닐 **행** 글월 **문**

3 세 紀 [   ]
세대 **세** 벼리 **기**

4 紀 강 [   ]
벼리 **기** 벼리 **강**

• ㉠ 여행하며 경험한 것을 **세월의 흐름대로** 적은 글.

• ㉡ 새로운 일이나 사건의 처음 출발점이 되는 **시대**.

• ㉢ 어떤 집단의 **규칙과 질서**.

• ㉣ 백 년을 단위로 하는 **세월**. 또는 백 년 **동안을 세는 단위**.

> 아래의 문장에 들어갈 가장 알맞은 단어를 위에서 골라 쓰세요.

5 [   ] 한 편을 읽었더니 나도 작가가 여행한 장소에 가 보고 싶어졌다.

6 나는 2013년생이니 21 [   ] 에 태어났다고 할 수 있다.

일어날
기

'走(달릴 주)'의
뜻은
'**달리다**'예요.

'己(몸 기)'의
소리는
'**기**'예요.

일어날 기

起

● '走'의 뜻[달리다]과 '己'의 소리[기]를 가졌어요.
몸이 먼저 일어나야 그다음에 달릴 수 있어요.

'己(몸 기)'에 '走(달릴 주)'를 더하여, '起(일어날 기)'의 모양을 완성하세요.

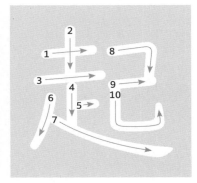

★ 기본적으로 '**일어나다**'의 뜻으로 쓰여요. 이 의미는 새로운 일을 '**시작한다**'는 뜻이나, 없던 것이 '**생기다**', '**우뚝 솟다**'의 의미로도 확장되어 쓰여요.

이 한자가 쓰인
네 개의 단어가 있어요.
어떤 뜻일까요?

(봉기) (제기) (기립) (돌기)

> 각 단어를 한글로 쓴 다음, 단어를 이루는 한자의 뜻을 참고하여 알맞은 뜻풀이에 연결하세요.

1. 起 립
   일어날 **기**   설 **립**

   • ㉠ 많은 사람들이 벌 떼처럼 떼 지어 세차게 **일어남**.

2. 돌 起
   내밀 **돌**   일어날 **기**

   • ㉡ **일어나서** 섬.

3. 봉 起
   벌 **봉**   일어날 **기**

   • ㉢ 의견이나 문제를 끌어와 **내놓음**.

4. 제 起
   끌 **제**   일어날 **기**

   • ㉣ 피부나 사물의 바깥쪽에 볼록하게 **튀어나온** 부분.

> 아래의 문장에 들어갈 가장 알맞은 단어를 위에서 골라 쓰세요.

5. 영화가 끝나자 모든 사람들이 자리에서 일어나 [   ] 박수를 쳤다.

6. 나는 그 의견을 받아들이기가 어려워 계속해서 의문을 [   ] 했다.

己
몸 기

> 실 끝이 구부러진 모양이에요.
> 한자 '己(몸 기)'의 소리는 '기'예요.

공통으로 들어가는 흐린 한자를 따라 써서,
이 단원에서 배운 한자들을 완성하세요.

꺼릴 기

기록할 기

벼리 기

일어날 기

아래 문장을 읽고 알맞은 설명이 되도록 ○ 하세요.

한자 '忌, 記, 紀, 起' 모두

'己(몸 기)'의 | **뜻(모양)**과 | **소리**와 | 더욱 밀접한 관계를 맺고 있어요.

칠 전 팔 기

七	顚	八	起
일곱 **칠**	넘어질 **전**	여덟 **팔**	일어날 기

'칠전팔기'는 위의 네 한자로 이루어진 말이에요.
이 단어의 겉으로 드러난 의미는
'일곱 번 넘어지고 여덟 번 **일어난다**.'예요.
이 말은 곧, 여러 번 실패해도 포기하지 않고
계속 노력한다는 말이에요.

예문을 통해 '칠전팔기'가 어떻게 쓰이는지 파악하고,
마지막 예문을 직접 만들어 써 보세요.

- 나는 **칠전팔기**라는 말을 가슴에 새기고 도전을 멈추지 않았다.

- 언니는 몇 번이나 실패한 끝에 **칠전팔기**로 취업에 성공했다.

▶

쉬엄쉬엄갈
착

쉬엄쉬엄갈 착

쉬엄쉬엄 걷는
모양이에요.

뜻	소리
(쉬엄쉬엄) 가다	착

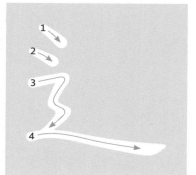

'辶'은 '辵'이 글자의 아래에서 쓰일 때의 모양이에요.

한자 미리 만나기

이번 단원에서 배울 한자들의 이름을 따라 쓰고,
'辶(쉬엄쉬엄갈 착)'의 뜻과 어떤 관련이 있는지 생각해 보세요.

		뜻	소리	
	辶	쉬엄쉬엄 가다	착	
1	近	가깝다	근	가까울 근
2	送	보내다	송	보낼 송
3	道	길	도	길 도
4	逆	거스르다	역	거스를 역
5	速	빠르다	속	빠를 속
6	進	나아가다	진	나아갈 진

가까울

근

'辶(쉬엄쉬엄갈 착)'의
뜻은
'**가다**'예요.

'斤(도끼 근)'의
소리는
'**근**'이에요.

가까울 근

近

● '辶'의 뜻[쉬엄쉬엄 가다]과 '斤'의 소리[근]를 가졌어요.
가까운 곳은 쉬엄쉬엄 걸어가요.

'辶(쉬엄쉬엄갈 착)'에 '斤(도끼 근)'을 더하여, '近(가까울 근)'의 모양을 완성하세요.

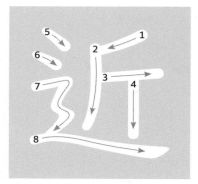

近	近	近	近

★ 기본적으로 거리나 시간이 '**가깝다**'의 뜻으로 쓰여요.
이 의미는 사람끼리 서로의 사이가 가까워 '**친하게 지내다**'의 뜻으로도 확장되어 쓰여요.

이 한자가 쓰인
네 개의 단어가 있어요.
어떤 뜻일까요?

근시   접근성   근래   근해

> 각 단어를 한글로 쓴 다음, 단어를 이루는 한자의 뜻을 참고하여 알맞은 뜻풀이에 연결하세요.

1 近 래 [   ]

가까울 **근**   올 **래**

     • ㉠ 시간적으로 **가까운** 요즈음.

2 近 시 [   ]

가까울 **근**   볼 **시**

     • ㉡ 특정 지역이나 시설로
가까이 갈 수 있는 가능성.

3 近 해 [   ]

가까울 **근**   바다 **해**

     • ㉢ 육지에 **가까이** 있는 바다.

4 접 近 성 [   ]

접할 **접** 가까울 **근** 성품 **성**

     • ㉣ **가까이** 있는 것은 잘 보아도
멀리 있는 것은 선명하게 보지
못하는 시력.

> 아래의 문장에 들어갈 가장 알맞은 단어를 위에서 골라 쓰세요.

5 미세 먼지가 심해서인지 [   ]에 들어 눈이 많이 **뻑뻑**하고 기침이 난다.

6 그는 [   ] 좋은 전통 시장을 만들기 위해 시장 입구마다 버스 정류장을 설치했다.

보낼

송

'辶 (쉬엄쉬엄갈 착)'의
뜻은
'**가다**'예요.

'关 (웃을 소)'의
뜻은
'**웃다**'예요.

보낼 송

送

● 가는[辶] 사람을 웃으며[关] 떠나보내는 모양을 합했어요.

누군가 떠나는 것은 서운하지만 좋은 마음으로 보내 주어요.

'辶 (쉬엄쉬엄갈 착)'에 '关 (웃을 소)'를 더하여, '送 (보낼 송)'의 모양을 완성하세요.

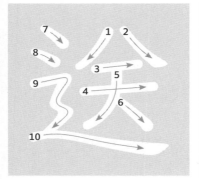

送	送	送	送	

어떻게 쓰일까요?

★ '**보낸다**'는 것은 사람이나 물건 따위를 다른 곳으로 가게 한다는 것이에요.
사람을 보내 떠나게 한다는 의미에서 '**배웅하다**'의 뜻으로도 확장되어 쓰여요.

이 한자가 쓰인
네 개의 단어가 있어요.
어떤 뜻일까요?

(전송) (송별회) (발송) (송유관)

> 각 단어를 한글로 쓴 다음, 단어를 이루는 한자의 뜻을 참고하여 알맞은 뜻풀이에 연결하세요.

1 발 送 [   ]
떠날 **발**　보낼 **송**

· ㉠ 글이나 사진 따위를
전기를 이용하여 멀리 **보냄**.

2 전 送 [   ]
전기 **전**　보낼 **송**

· ㉡ 기름을 다른 곳으로
보내기 위하여 설치한 관.

3 送 유 관 [   ]
보낼 **송**　기름 **유**　관 **관**

· ㉢ 물건, 편지 따위를 우편이나
택배를 이용하여 떠나**보냄**.

4 送 별 회 [   ]
보낼 **송**　떠날 **별**　모일 **회**

· ㉣ 떠나는 사람을 **보내면서**
좋은 뜻으로 벌이는 모임.

> 아래의 문장에 들어갈 가장 알맞은 단어를 위에서 골라 쓰세요.

5 해외여행을 간 언니가 휴대 전화로 내게 사진을 잔뜩 [   ] 해 주었다.

6 우리 반 친구들은 곧 전학 가는 친구를 위해 [   ] 자리를 마련하기로 했다.

길
도

'辶(쉬엄쉬엄갈 착)'의
뜻은
'**가다**'예요.

'首(머리 수)'의
뜻은
'**머리**'예요.

길 도

道

● 사람[首]이 가는[辶] 곳이라는 모양을 합했어요.

길을 걸으면서도 이 길이 제대로 된 길이 맞는지 한번쯤 생각해 보아요.

'辶(쉬엄쉬엄갈 착)'에 '首(머리 수)'를 더하여, '道(길 도)'의 모양을 완성하세요.

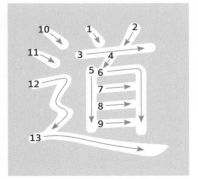

道	道	道	道	

어떻게 쓰일까요?

★ 기본적으로 '**길**'이라는 의미로 쓰여요. 사람이 걷는 땅 위의 공간도 길이지만,
사람이 발전해 나가는 '**과정**'이나, 어떤 뜻을 두고 가는 '**방향**'을 뜻하기도 해요.

이 한자가 쓰인
네 개의 단어가 있어요.
어떤 뜻일까요?

편도   도리   궤도   인도

> 각 단어를 한글로 쓴 다음, 단어를 이루는 한자의 뜻을 참고하여 알맞은 뜻풀이에 연결하세요.

1. **인 道**
   사람 **인**　길 **도**

   • ㉠ 가거나 오는 길 가운데
   어느 한쪽의 **길**.

2. **편 道**
   한쪽 **편**　길 **도**

   • ㉡ 사람이 마땅히 행하여야 할
   바른길.

3. **궤 道**
   바퀴자국 **궤**　길 **도**

   • ㉢ 수레가 지나간 바퀴자국이 난 **길**.
   또는 사물이 따라서 움직이는
   정해진 **길**.

4. **道 리**
   길 **도**　다스릴 **리**

   • ㉣ 사람이 걸어 다니는 **길**.

> 아래의 문장에 들어갈 가장 알맞은 단어를 위에서 골라 쓰세요.

5. 기차가 [   ]를 벗어나 미끄러지는 사고가 발생했지만 다행히 다친 사람은 없었다.

6. 그는 이 나라를 아예 떠날 생각으로, 왕복이 아닌 [   ] 티켓을 사서 비행기에 올랐다.

거스를
역

'辶 (쉬엄쉬엄갈 착)'의
뜻은
'**가다**'예요.

'屰 (거스를 역)'의
뜻은
'**거스르다**'예요.

거스를 **역**

逆

● 거슬러서[屰] 반대로 가는[辶] 모양을 합했어요.

가야할 길을 거슬러 거꾸로 간다면 원래 생각했던 곳과는 어긋나게 되어요.

'辶(쉬엄쉬엄갈 착)'에 '屰(거스를 역)'을 더하여, '逆(거스를 역)'의 모양을 완성하세요.

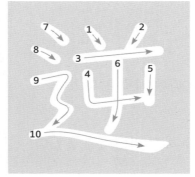

逆	逆	逆	逆	

어떻게 쓰일까요?

★ '**거스른다**'는 것은 일이 돌아가는 흐름과 반대되거나 어긋나게 행동한다는 것이에요.
이 의미는 마땅히 지켜야 할 것을 '**어기다**', '**저버리다**'의 뜻으로도 확장되어요.

이 한자가 쓰인
네 개의 단어가 있어요.
어떤 뜻일까요?

(역전) (역경) (반역자) (역행)

> 각 단어를 한글로 쓴 다음, 단어를 이루는 한자의 뜻을 참고하여 알맞은 뜻풀이에 연결하세요.

1
逆 행 [   ]
거스를 **역** 다닐 **행**

    ⊙ 보통의 방향과 반대 방향으로
    거슬러 나아감.

2
逆 경 [   ]
거스를 **역** 처지 **경**

    ⓛ 국가와 민족에 대한 의리를
    돌이켜 **저버린** 사람.

3
逆 전 [   ]
거스를 **역** 구를 **전**

    ⓒ 일이 순조롭지 않고 **어긋나**
    매우 어렵게 된 처지.

4
반 逆 자 [   ]
돌이킬 **반** 거스를 **역** 사람 **자**

    ⓔ 일이 되어 가는 상황을
    반대로 **거슬러** 뒤집음.

> 아래의 문장에 들어갈 가장 알맞은 단어를 위에서 골라 쓰세요.

5 그는 어린 시절을 가난과 [   ] 속에서 보냈지만 지금은 유명한 작가가 되었다.

6 축구 경기에서 [   ] 의 기회를 잡은 나는 결국 경기를 승리로 이끌었다.

빠를
속

'辶(쉬엄쉬엄갈 착)'의
뜻은
'**가다**'예요.

'束(묶을 속)'의
소리는
'**속**'이에요.

빠를 속

● '辶'의 뜻[달리다]과 '束'의 소리[속]를 가졌어요.
운동화 끈을 단단히 묶고 달려요.

'辶(쉬엄쉬엄갈 착)'에 '束(묶을 속)'을 더하여, '速(빠를 속)'의 모양을 완성하세요.

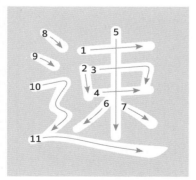

速	速	速	速	

★ 기본적으로 '**빠르다**'의 뜻으로 쓰여요.
'어떤 물체가 움직이는 빠르기'를 의미하는 '**속도**'의 뜻으로 많이 쓰여요.

이 한자가 쓰인
네 개의 단어가 있어요.
어떤 뜻일까요?

(가속도) (과속) (광속) (음속)

> 각 단어를 한글로 쓴 다음, 단어를 이루는 한자의 뜻을 참고하여 알맞은 뜻풀이에 연결하세요.

1 | 음 速 | ☐
소리 **음**   빠를 **속**

2 | 광 速 | ☐
빛 **광**   빠를 **속**

3 | 과 速 | ☐
지날 **과**   빠를 **속**

4 | 가 速 도 | ☐
더할 **가**   빠를 **속**   법도 **도**

• ㉠ 시간이 갈수록
점점 더해지는 **속도**.

• ㉡ 소리의 **속도**.

• ㉢ 자동차 등이 정해진 속도보다
지나치게 **빠르게** 달림.

• ㉣ 진공 상태에서의 빛의 **속도**.

> 아래의 문장에 들어갈 가장 알맞은 단어를 위에서 골라 쓰세요.

5 정해진 속도를 지키지 않고 ☐ 한 차량들이 경찰의 단속에 걸렸다

6 자전거를 타고 내리막을 갈 때에는 ☐ 붙는 것을 조심해야 한다.

나아갈
진

'辶(쉬엄쉬엄갈 착)'의
뜻은
'가다'예요.

'隹(새 추)'의
뜻은
'새'예요.

나아갈 진

進

● 새[隹]가 날아올라 앞으로 가는[辶] 모양을 합했어요.

새는 보통 뒤로는 날지 못하고 앞으로만 날아요.

'辶(쉬엄쉬엄갈 착)'에 '隹(새 추)'를 더하여, '進(나아갈 진)'의 모양을 완성하세요.

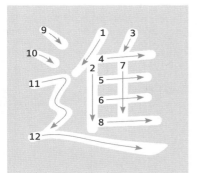

進	進	進	進	

어떻게 쓰일까요?

★ 기본적으로 '**나아가다**'의 뜻으로 쓰여요. 실제로 가는 방향이 앞을 향한 경우뿐만 아니라, 어떤 일이 뜻하는 방향으로 진행되는 경우 역시 나아간다고 해요.

이 한자가 쓰인
네 개의 단어가 있어요.
어떤 뜻일까요?

(돌진) (후진) (진로) (촉진)

> 각 단어를 한글로 쓴 다음, 단어를 이루는 한자의 뜻을 참고하여 알맞은 뜻풀이에 연결하세요.

1 進 로

나아갈 **진** 길 **로**

2 돌 進

부딪칠 **돌** 나아갈 **진**

3 촉 進

재촉할 **촉** 나아갈 **진**

4 후 進

뒤 **후** 나아갈 **진**

• ㉠ 뒤쪽으로 **나아감**.
또는 어떤 발전 수준에 뒤떨어짐.

• ㉡ 세찬 기세로 거침없이 곧장
나아감.

• ㉢ 앞으로 **나아갈** 길.

• ㉣ 다그쳐 빨리 **나아가게** 함.

> 아래의 문장에 들어갈 가장 알맞은 단어를 위에서 골라 쓰세요.

5 앞으로 어떤 직업을 선택하면 좋을지 선생님과 [   ]에 대한 상담을 했다.

6 햇볕에 오래 나가 있으면 피부 노화가 [   ]된다는 연구 결과가 나왔다.

	> 쉬엄쉬엄 걷는 모양이에요. > 한자 '辶(쉬엄쉬엄갈 착)'의 뜻은 '**가다**'예요. 공통으로 들어가는 흐린 한자를 따라 써서, 이 단원에서 배운 한자들을 완성하세요.
쉬엄쉬엄갈 착	

近	送	道
가까울 근	보낼 송	길 도
逆	速	進
거스를 역	빠를 속	나아갈 진

아래 문장을 읽고 알맞은 설명이 되도록 ◯ 하세요.

한자 '近, 送, 道, 逆, 速, 進' 모두

'辶(쉬엄쉬엄갈 착)'의 | **뜻(모양)**과 | **소리**와 | 더욱 밀접한 관계를 맺고 있어요.

진 퇴 양 난

進	退	兩	難
나아갈 **진**	물러날 **퇴**	두 **양**	어려울 **난**

'진퇴양난'은 위의 네 한자로 이루어진 말이에요.
이 단어의 겉으로 드러난 의미는
'**앞으로 나아가지도** 뒤로 물러나지도 못하는
두 개의 어려움'이에요.
이 말은 곧, 이러지도 저러지도 못하는
어려운 처지에 있다는 뜻이에요.

예문을 통해 '진퇴양난'이 어떻게 쓰이는지 파악하고,
마지막 예문을 직접 만들어 써 보세요.

● 갑작스러운 폭설로 도로가 마비되어 운전자들이 **진퇴양난**에 처했다.

● 다리가 무너진 상황에서 적의 침략을 받은 우리 군은 **진퇴양난**에 빠졌다.

▶

흙

土

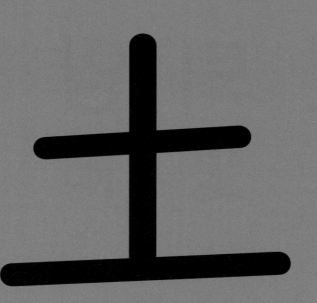

흙 토

땅과 흙덩어리가 뭉쳐 있는 모양이에요.

뜻	소리
흙	**토**

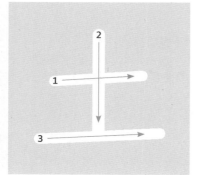

한자 미리 만나기

		뜻	소리	
	土	흙	토	
1	地	땅	지	땅 지
2	均	고르다	균	고를 균
3	坐	앉다	좌	앉을 좌
4	堂	집	당	집 당
5	堅	굳다	견	굳을 견

땅
지

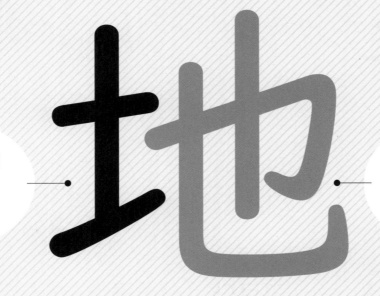

'土(흙 토)'의
뜻은
'흙'이에요.

'也(어조사 야)'는
뱀의
모양이에요.

땅 지

地

● 흙[土]이 뱀[也]처럼 굴곡져 있는 땅의 모양을 합했어요.

지구 겉면에서 물이 아니라 흙으로 된 부분을 모두 땅이라고 해요.

'土(흙 토)'에 '也(어조사 야)'를 더하여, '地(땅 지)'의 모양을 완성하세요.

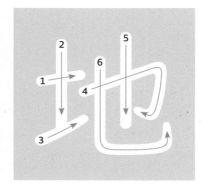

地	地	地	地	

★ 일반적인 '**땅**'의 뜻으로 쓰여요. 이 의미는 어떤 일이 이루어지는 '**장소**'의 뜻으로 쓰이고, 더 나아가 어떤 장소나 위치를 이르는 '**곳**'의 뜻으로도 확장되어요.

이 한자가 쓰인
네 개의 단어가 있어요.
어떤 뜻일까요?

습지   간척지   서식지   녹지

> 각 단어를 한글로 쓴 다음, 단어를 이루는 한자의 뜻을 참고하여 알맞은 뜻풀이에 연결하세요.

1

녹 地
푸를 **록**   땅 **지**

· ⊙ 습기가 많은 축축한 **땅**.

2

습 地
축축할 **습**   땅 **지**

· ⓛ 바다를 둘러막아 그 안의 물을 빼내고 육지로 만들어 넓힌 **땅**.

3

서 식 地
깃들일 **서** 숨쉴 **식** 땅 **지**

· ⓒ 푸른 풀이나 나무가 우거진 **곳**.

4

간 척 地
막을 **간** 넓힐 **척** 땅 **지**

· ⓔ 생물이 일정한 곳에 깃들어 자리를 잡고 사는 **곳**.

> 아래의 문장에 들어갈 가장 알맞은 단어를 위에서 골라 쓰세요.

5 텅 비어 있던 공간이 꽃과 나무가 가득한 [   ] 공간으로 탈바꿈했다.

6 생태계 파괴를 막기 위해서는 무엇보다 야생 동물의 [   ]를 보호해야 한다.

고를
균

'土(흙 토)'의
뜻은
'**흙**'이에요.

'勻(고를 균)'의
뜻은
'**고르다**'예요.

고를 균

均

● 흙[土]을 고르게[勻] 펴는 모양을 합했어요.

뭉쳐 있는 흙을 고루 퍼지게 하여 울퉁불퉁한 땅을 평평하게 해요.

'土(흙 토)'에 '勻(고를 균)'을 더하여, '均(고를 균)'의 모양을 완성하세요.

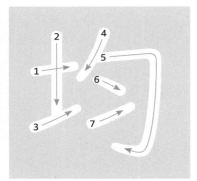

均	均	均	均	

★ **'고른다'**는 것은 울퉁불퉁한 것을 평평하게, 들쭉날쭉한 것을 가지런하게 하는 것이에요.
이 의미는 **'평평하다'**, **'가지런하다'**의 뜻으로도 확장되어요.

이 한자가 쓰인
네 개의 단어가 있어요.
어떤 뜻일까요?

(불균형) (균등) (평균) (균일)

> 각 단어를 한글로 쓴 다음, 단어를 이루는 한자의 뜻을 참고하여 알맞은 뜻풀이에 연결하세요.

1 **평 均** [ ]

평평할 **평** 고를 **균**

• ㉠ **고르고 가지런하여**
차별이 없이 같음.

2 **불 均 형** [ ]

아닐 **불** 고를 **균** 저울 **형**

• ㉡ 여러 수나 양 따위를
평평하고 **고르게** 했을 때의 값.

3 **均 일** [ ]

고를 **균** 하나 **일**

• ㉢ 여럿이 모두 마치 하나인 양
고름.

4 **均 등** [ ]

고를 **균** 같을 **등**

• ㉣ 어느 편으로 기울거나 치우쳐
고르지 않음.

> 아래의 문장에 들어갈 가장 알맞은 단어를 위에서 골라 쓰세요.

5 반 학생들의 시험 점수 [ ]을 내 보니 70점이었다.

6 사람들이 농촌을 떠나 도시로 몰리면서 지역별 인구 [ ] 현상이 심해졌다.

앉을
좌

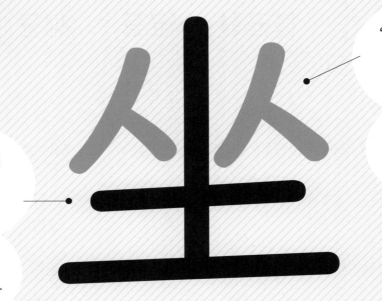

'从(좇을 종)'은
두 사람의
모양이에요.

'從'의 다른
모양이에요.

'土(흙 토)'의
뜻은
'흙'이에요.

모양이 조금
변형되었어요.

앉을 좌

坐

● 땅[土] 위에 두 사람[从]이 나란히 앉은 모양을 합했어요.
동양인에게는 바닥에 바로 앉는 좌식 생활이 익숙해요.

'土(흙 토)'에 '从(좇을 종)'을 더하여, '坐(앉을 좌)'의 모양을 완성하세요.

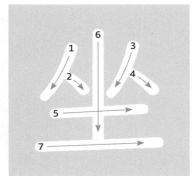

坐	坐	坐	坐

★ 기본적으로 '**앉다**'의 뜻으로 쓰여요. 앉는 모습 때문에 '**무릎을 꿇는다**'는 의미로도 쓰이고, 어딘가에 무엇이 앉은 것 같은 모양을 비유적으로 표현할 때에도 쓰여요.

이 한자가 쓰인 네 개의 단어가 있어요. 어떤 뜻일까요?

(좌욕) (정좌) (좌초) (좌석)

> 각 단어를 한글로 쓴 다음, 단어를 이루는 한자의 뜻을 참고하여 알맞은 뜻풀이에 연결하세요.

1 坐 석
앉을 **좌**　자리 **석**

2 坐 욕
앉을 **좌**　목욕할 **욕**

3 坐 초
앉을 **좌**　숨은바윗돌 **초**

4 정 坐
바를 **정**　앉을 **좌**

• ㉠ 허리부터 그 아래만을 **앉아서** 목욕하는 일.

• ㉡ 물속에 잠겨 있는 험한 바위 위에 배가 **앉듯이** 얹힘.

• ㉢ 몸을 바르게 하고 **앉음**.

• ㉣ **앉을** 수 있게 준비된 자리.

> 아래의 문장에 들어갈 가장 알맞은 단어를 위에서 골라 쓰세요.

5 그 배는 미국으로 항해하던 중 암초에 부딪혀 [   ] 되었다.

6 스님은 불당에서 [   ] 자세를 한 채 불경을 외고 계셨다.

4 집
당

'土(흙 토)'의
뜻은
'흙'이에요.

'尚(높일 상)'의
뜻은
'높이다'예요.

모양이 조금
변형되었어요.

집 당

- 흙[土]을 돋우어 높이[尚] 쌓아 올린 큰 집의 모양을 합했어요.

특히 집의 안쪽에 있는 방이 아닌, 바깥쪽에서 손님을 접대하는 곳을 말해요.

'土(흙 토)'에 '尚(높일 상)'을 더하여, '堂(집 당)'의 모양을 완성하세요.

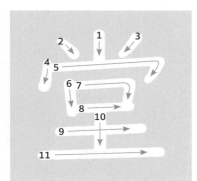

堂	堂	堂	堂	

어떻게 쓰일까요?

★ 기본적으로 '**집**'이라는 의미로 쓰여요. 흙으로 높이 쌓은 토대 위에 지은 집이니, 원래는
겉으로 보기에 아주 좋고 훌륭한 모양이라는 뜻을 담고 있어요.

이 한자가 쓰인
네 개의 단어가 있어요.
어떤 뜻일까요?

(성당) (식당) (명당) (경로당)

> 각 단어를 한글로 쓴 다음, 단어를 이루는 한자의 뜻을 참고하여 알맞은 뜻풀이에 연결하세요.

1 식 堂 〔   〕
   먹을 **식**   집 **당**

2 성 堂 〔   〕
   성인 **성**   집 **당**

3 경 로 堂 〔   〕
   공경할 **경** 늙을 **로** 집 **당**

4 명 堂 〔   〕
   밝을 **명**   집 **당**

• ㉠ 건물 안에 식사를 할 수 있게
      만든 **방**.

• ㉡ 풍수지리에서, 앞으로 자손의
      미래가 밝아진다는 **집터**.

• ㉢ 천주교의 종교 의식이 행해지는
      집.

• ㉣ 노인을 공경하는 뜻에서,
      노인들이 쉴 수 있도록 한 **집**.

> 아래의 문장에 들어갈 가장 알맞은 단어를 위에서 골라 쓰세요.

5 나는 매주 일요일마다 〔   〕에 가서 기도를 한다.

6 아버지는 앞으로 하는 일이 모두 잘 풀린다는 〔   〕 자리에 집을 지으셨다.

굳을

견

'臣(신하 신)'의
뜻은
'**신하**'예요.

'又(또 우)'는
오른손의
모양이에요.

'土(흙 토)'의
뜻은
'**흙**'이에요.

굳을 견

堅

● 신하[臣]가 오른손[又]을 들어서 땅[土]을 단단하게 만들어요.
단단한 땅 위에 서 있다면 몸도 마음도 흔들리지 않아요.

'土(흙 토)'에 '臣(신하 신)'과 '又(또 우)'를 더하여, '堅(굳을 견)'의 모양을 완성하세요.

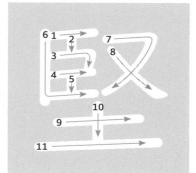

堅 堅 堅 堅

★ '**굳다**'는 것은 눌러도 자국이 나지 않을 정도로 '**단단하다**'는 의미예요.
지니고 있는 뜻이 굳다고 하면, 아주 단단하여 흔들림이 없다는 뜻이에요.

이 한자가 쓰인
네 개의 단어가 있어요.
어떤 뜻일까요?

(견과)   (중견)   (견지)   (견고)

> 각 단어를 한글로 쓴 다음, 단어를 이루는 한자의 뜻을 참고하여 알맞은 뜻풀이에 연결하세요.

1   堅 과
굳을 **견**   열매 **과**

2   堅 고
굳을 **견**   단단할 **고**

3   堅 지
굳을 **견**   가질 **지**

4   중 堅
가운데 **중**   굳을 **견**

• ㉠ **굳고** 단단함.

• ㉡ 어떤 단체나 사회의 가운데에서
굳게 중심이 되는 사람.

• ㉢ 어떤 주장이나 태도를
굳게 가짐.

• ㉣ **단단한** 껍데기 안에 들어 있는
나무 열매.

> 아래의 문장에 들어갈 가장 알맞은 단어를 위에서 골라 쓰세요.

5   이 접시는 높은 곳에서 떨어뜨려도 깨지지 않도록 [   ]하게 만들어진 제품이다.

6   그녀는 벌써 데뷔한 지 15년이 넘은 [   ] 가수이다.

土
흙 토

> 땅과 흙덩어리가 뭉쳐 있는 모양이에요.
> 한자 '土(흙 토)'의 뜻은 '흙'이에요.

공통으로 들어가는 흐린 한자를 따라 써서,
이 단원에서 배운 한자들을 완성하세요.

地	均	坐
땅 지	고를 균	앉을 좌
堂	堅	
집 당	굳을 견	

아래 문장을 읽고 알맞은 설명이 되도록 ○ 하세요.

한자 '地, 均, 坐, 堂, 堅' 모두

'土(흙 토)'의 | 뜻(모양)과 | 소리와 | 더욱 밀접한 관계를 맺고 있어요.

풍	수	지	리
風	水	地	理
바람 **풍**	물 **수**	땅 **지**	다스릴 **리**

'풍수지리'는 위의 네 한자로 이루어진 말이에요.
이 단어는 '바람이나 물과 같은 자연적인 지형으로
알 수 있는 **땅**의 이치'라는 의미예요.
산의 모양이나 바람과 물의 흐름 등으로
좋은 기운이 흐르는 땅을 파악하여,
그것을 인간의 길흉화복과 연결 짓는 이론이에요.

예문을 통해 '풍수지리'가 어떻게 쓰이는지 파악하고,
마지막 예문을 직접 만들어 써 보세요.

● **풍수지리**적으로, 뒤에는 산이 있고 앞에는 물이 흐르는 곳이 좋다고 한다.

● 왕이 업무를 보는 궁전이던 '경복궁'은 **풍수지리**를 고려한 명당으로 꼽힌다.

▶ _____

골 곡

 골짜기 사이로 물이 흐르는 모양이에요.

뜻	소리
골, 골짜기	곡

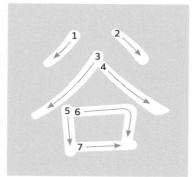

谷 谷

'골', '골짜기'는 산과 산 사이에 움푹 파여 깊숙하게 들어간 곳이에요.

한자 미리 만나기

이번 단원에서 배울 한자들의 이름을 따라 쓰고,
'谷(골 곡)'의 뜻과 어떤 관련이 있는지 생각해 보세요.

	뜻	소리	
谷	골	곡	
1 容	얼굴	용	얼굴 용
2 俗	풍속	속	풍속 속
3 浴	목욕하다	욕	목욕할 욕
4 欲	바라다	욕	바랄 욕
5 慾	욕심	욕	욕심 욕

얼굴
용

'宀(집 면)'의
뜻은
'**집**'이에요.

'谷(골 곡)'의
뜻은
'**골, 깊은 굴**'이에요.

얼굴 용

容

● 집[宀] 아래 깊은 곳[谷]에는 많은 것이 담겨 있는 모양을 합했어요.
우리도 얼굴에 다양한 표정을 담아 감정을 표현해요.

'谷(골 곡)'에 '宀(집 면)'을 더하여, '容(얼굴 용)'의 모양을 완성하세요.

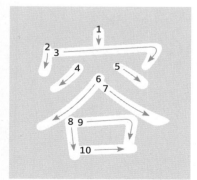

容	容	容	容	

★ 기본적으로 '**얼굴**'이라는 의미로 쓰여요. 많은 것을 담을 수 있다는 점에서 '**받아들이다**'의 뜻으로도 확장되고, 이 의미는 더 나아가 '**용서하다**'의 뜻으로도 쓰여요.

이 한자가 쓰인
네 개의 단어가 있어요.
어떤 뜻일까요?

(포용력) (수용) (관용) (용모)

> 각 단어를 한글로 쓴 다음, 단어를 이루는 한자의 뜻을 참고하여 알맞은 뜻풀이에 연결하세요.

1 **容 모**
얼굴 **용** 모양 **모**

2 **수 容**
받을 **수** 얼굴 **용**

3 **관 容**
너그러울 **관** 얼굴 **용**

4 **포 容 력**
감쌀 **포** 얼굴 **용** 힘 **력**

• ㉠ 남을 넓은 마음으로 감싸 주거나 **받아들이는** 힘.

• ㉡ 어떤 것을 **받아들임**.

• ㉢ 남의 잘못 따위를 너그럽게 **받아들이거나 용서함**.

• ㉣ 사람의 **얼굴** 모양.

> 아래의 문장에 들어갈 가장 알맞은 단어를 위에서 골라 쓰세요.

5 우리 반 회장은 공부도 잘하고 [   ]도 단정하다.

6 선생님은 나에게 원수도 사랑하는 [   ]의 자세를 가져야 한다고 강조하셨다.

풍속
속

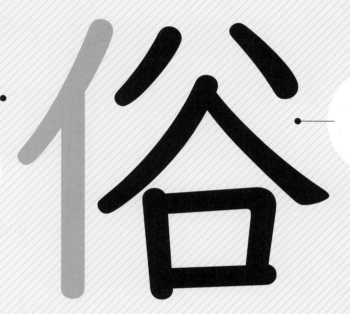

'人(사람 인)'의
뜻은
'**사람**'이에요.

글자의
옆에서는
'亻'으로 쓰여요.

'谷(골 곡)'의
뜻은
'**골짜기**'예요.

풍속 속

● 사람[亻]들이 모여 사는 골짜기[谷]마다 고유한 풍속이 있는
모양을 합했어요.

고유하다는 것은 다른 데에서는 볼 수 없는 독특한 특징이 있다는 것이에요.

'谷(골 곡)'에 '亻(사람 인)'을 더하여, '俗(풍속 속)'의 모양을 완성하세요.

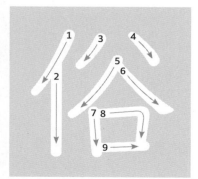

俗	俗	俗	俗	

★ '**풍속**'은 그 사회에 속한 사람들에게 옛날부터 전해 오는 전반적인 생활 습관이에요.
많은 사람이 따르는 것이라는 점에서 '**평범하다**', '**일반적이다**'의 뜻으로도 확장되어요.

이 한자가 쓰인
네 개의 단어가 있어요.
어떤 뜻일까요?

(민속촌) (속세) (속담) (풍속화)

> 각 단어를 한글로 쓴 다음, 단어를 이루는 한자의 뜻을 참고하여 알맞은 뜻풀이에 연결하세요.

1 풍 俗 화 [   ]
바람 **풍** 풍속 **속** 그림 **화**

⊙ **예부터 전해 오는** 일반 백성들의 **풍속**이 남아 있는 마을.

2 민 俗 촌 [   ]
백성 **민** 풍속 **속** 마을 **촌**

ⓒ **예부터 사람들 사이에서 전해져 오는** 교훈이 담긴 짧은 말.

3 俗 담 [   ]
풍속 **속** 말씀 **담**

ⓒ 불교에서, 스님이 아닌 **일반 사람들이 사는** 사회를 이르는 말.

4 俗 세 [   ]
풍속 **속** 세상 **세**

② 당시의 **풍속**을 그린 그림.

> 아래의 문장에 들어갈 가장 알맞은 단어를 위에서 골라 쓰세요.

5 조선 시대의 화가 김홍도가 그린 [   ] 에는 당시 대중의 삶이 잘 반영되어 있다.

6 그는 괴로움으로 가득한 [   ] 에서 벗어나 자연 속에서 욕심 없이 살고 싶었다.

목욕할

욕

'水(물 수)'의
뜻은
'물'이에요.

글자의
옆에서는
'氵'로 쓰여요.

'谷(골 곡)'의
뜻은
'골'이에요.

목욕할 욕

浴

● 골짜기[谷]에서 흐르는 물[氵]에 목욕하는 모양을 합했어요.

흐르는 물로 찰방찰방 물이 튀기도록 몸을 씻어요.

'谷(골 곡)'에 '氵(물 수)'를 더하여, '浴(목욕할 욕)'의 모양을 완성하세요.

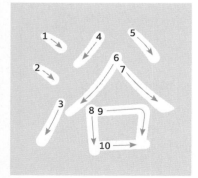

谷	谷	浴	浴	

★ 일반적인 '**목욕하다**'의 뜻으로 쓰여요. 몸을 씻는다는 의미예요.
꼭 물을 끼얹지 않더라도, 온몸을 드러내어 무엇에 닿게 하는 경우에도 비유적으로 쓰여요.

이 한자가 쓰인
네 개의 단어가 있어요.
어떤 뜻일까요?

(일광욕) (입욕제) (해수욕) (욕조)

> 각 단어를 한글로 쓴 다음, 단어를 이루는 한자의 뜻을 참고하여 알맞은 뜻풀이에 연결하세요.

1
浴 조 [   ]
목욕할 **욕** 물통 **조**

• ㉠ 탕에 들어가 **목욕할** 때 넣는
화장품.

2
해수 浴 [   ]
바다 **해** 물 **수** 목욕할 **욕**

• ㉡ 바닷물에 **몸을 담그고**
헤엄을 치며 놂.

3
일광 浴 [   ]
날 **일** 빛 **광** 목욕할 **욕**

• ㉢ **목욕**하기 위해 물을 담는 큰 통.

4
입 浴 제 [   ]
들 **입** 목욕할 **욕** 약제 **제**

• ㉣ **온몸을 드러내고**
햇빛을 쬐는 일.

> 아래의 문장에 들어갈 가장 알맞은 단어를 위에서 골라 쓰세요.

5 햇볕이 강해서 오랜 시간 [   ] 장에서 물놀이를 하던 사람들의 피부가 금세 탔다.

6 언니는 욕조에 들어가 [   ] 하나를 넣고 거품을 내어 목욕하는 것을 즐긴다.

바랄
욕

'谷(골 곡)'의
뜻은
'골짜기'예요.

'欠(하품 흠)'은
입을 크게 벌린
사람의 모양이에요.

바랄 욕

● 골짜기[谷]에 흐르는 물을 다 받아 마실 듯이 입을 벌리는[欠]
모양을 합했어요.

끝도 없이 흐르는 계곡물을 다 마시고자 하는 적극적인 자세예요.

'谷(골 곡)'에 '欠(하품 흠)'을 더하여, '欲(바랄 욕)'의 모양을 완성하세요.

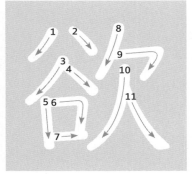

谷欠	谷欠	欲	欲	

★ 기본적으로 '**바라다**'의 뜻으로 쓰여요. 무엇을 '**하고자 하는**', '**하고 싶어 하는**' 것이에요. 어떤 것을 정말 좋아하여 적극적으로 원하는, 긍정적인 의미로도 쓰여요.

이 한자가 쓰인
네 개의 단어가 있어요.
어떤 뜻일까요?

의욕 탐구욕 욕구 소유욕

> 각 단어를 한글로 쓴 다음, 단어를 이루는 한자의 뜻을 참고하여 알맞은 뜻풀이에 연결하세요.

1 欲 구

바랄 **욕** 구할 **구**

2 의 欲

뜻 **의** 바랄 **욕**

3 소 유 欲

바 소 있을 **유** 바랄 **욕**

4 탐 구 欲

찾을 **탐** 연구할 **구** 바랄 **욕**

• ㉠ 자기 것으로
가지고 있고 **싶어 하는** 마음.

• ㉡ 무엇을 **바라고** 구하는 일.

• ㉢ 학문 따위를 깊이 파고들어
연구하고 **싶어 하는** 마음.

• ㉣ 무엇을 **하고자 하는** 적극적인 뜻.

> 아래의 문장에 들어갈 가장 알맞은 단어를 위에서 골라 쓰세요.

5 동생은 치킨을 양손에 하나씩 잡고 동시에 먹는 [   ]적인 모습을 보여 주었다.

6 그는 강한 [   ]에 불타 사흘 동안 잠도 안 자고 연구에만 집중했다.

욕심
욕

'谷(골 곡)'이
들어 있는

'欲(바랄 욕)'의
뜻은
'바라다'예요.

'心(마음 심)'의
뜻은
'마음'이에요.

욕심 욕

慾

● 무엇을 지나치게 바라는[欲] 마음[心]이라는 모양을 합했어요.

아무리 적극적인 자세라 하더라도 지나친 것은 좋지 않아요.

'欲(바랄 욕)'에 '心(마음 심)'을 더하여, '慾(욕심 욕)'의 모양을 완성하세요.

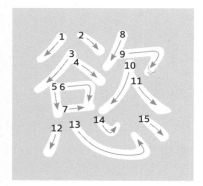

慾	慾	慾	慾	

★ '**욕심**'은 무엇을 지나치게 탐내거나 가지고 싶어 하는 마음이에요.
자신의 분수에 넘치도록 무엇을 누리고자 하는 경우에 쓰여요.

이 한자가 쓰인
네 개의 단어가 있어요.
어떤 뜻일까요?

탐욕   식욕   야욕가   물욕

> 각 단어를 한글로 쓴 다음, 단어를 이루는 한자의 뜻을 참고하여 알맞은 뜻풀이에 연결하세요.

1 식 慾 ☐ ·
먹을 **식** 욕심 **욕**

· ㉠ 지나치게 탐하는 **욕심**.

2 물 慾 ☐ ·
물건 **물** 욕심 **욕**

· ㉡ 음식을 먹고 싶어 하는 **욕심**.

3 탐 慾 ☐ ·
탐낼 **탐** 욕심 **욕**

· ㉢ 자기의 이익만 채우려는
야비한 **욕심**을 품고 있는 사람.

4 야 慾 가 ☐ ·
거칠 **야** 욕심 **욕** 집 **가**

· ㉣ 돈이나 물건 등의
재물을 바라는 **욕심**.

> 아래의 문장에 들어갈 가장 알맞은 단어를 위에서 골라 쓰세요.

5 감기에 심하게 걸렸더니 소화가 잘 안되어서 ☐ 도 떨어졌다.

6 그 학생은 높은 성적에 대한 ☐ 에 눈이 멀어 올바르지 못한 일을 저질렀다.

谷 골 곡	> 골짜기 사이로 물이 흐르는 모양이에요. > 한자 '谷(골 곡)'의 뜻은 '골짜기'예요. 공통으로 들어가는 흐린 한자를 따라 써서, 이 단원에서 배운 한자들을 완성하세요.	
容 얼굴 용	俗 풍속 속	浴 목욕할 욕
欲 바랄 욕	慾 욕심 욕	

아래 문장을 읽고 알맞은 설명이 되도록 ○ 하세요.

한자 '容, 俗, 浴, 欲, 慾' 모두

'谷(골 곡)'의 │ **뜻(모양)**과 │ **소리**와 │ 더욱 밀접한 관계를 맺고 있어요.

미	풍	양	속
美	風	良	俗
아름다울 **미**	바람 **풍**	어질 **량**	풍속 속

'미풍양속'은 위의 네 한자로 이루어진 말이에요.
이 단어의 겉으로 드러난 의미는
'아름다운 풍속과 어진 **풍속**'이에요.
'風(바람 풍)'도 '풍속'이라는 뜻으로 쓰여요.
이 말은 곧, 옛날부터 그 사회에 전해 오는
아름답고 좋은 습관을 의미해요.

예문을 통해 '미풍양속'이 어떻게 쓰이는지 파악하고,
마지막 예문을 직접 만들어 써 보세요.

● 우리 고장은 매년 추석맞이 축제를 열어 조상의 **미풍양속**을 이어 가고 있다.

● 내 집에 찾아오는 손님을 편안하게 모시는 것은 우리나라의 **미풍양속**이다.

▶ _____

아들 **자**

 갓난아이의 모양이에요.

뜻

아들

소리

자

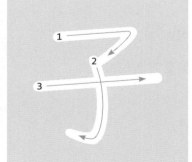

子 子

한자 미리 만나기

	뜻	소리	
子	아들	자	
1 字	글자	자	글자 자
2 存	있다	존	있을 존
3 孝	효도	효	효도 효
4 學	배우다	학	배울 학
5 孫	손자	손	손자 손

글자
자

'宀(집 면)'의
뜻은
'**집**'이에요.

'子(아들 자)'는
어린아이의
모양이에요.

字

글자 **자**

字

● **집[宀]에서 아이[子]를 가르치는 모양을 합했어요.**

새로 가르쳐야 할 아이가 태어나 집안 식구가 불어나듯이,
글자끼리도 서로 더하여 새로운 글자를 만들어 내요.

'**子**(아들 자)'에 '**宀**(집 면)'을 더하여, '**字**(글자 자)'의 모양을 완성하세요.

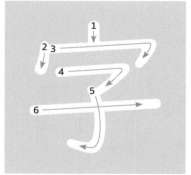

字　字　字　字

어떻게 쓰일까요?

★ **'글자'**는 말을 적는 기호예요. 우리가 입으로 하는 말을 글자로 적어 나타낼 수 있어요.
글자를 적는 일정한 체계를 이르는 **'문자'**의 뜻으로도 쓰여요.

이 한자가 쓰인
네 개의 단어가 있어요.
어떤 뜻일까요?

(자막) (타자기) (점자) (자전)

> 각 단어를 한글로 쓴 다음, 단어를 이루는 한자의 뜻을 참고하여 알맞은 뜻풀이에 연결하세요.

1. **점 字** [　　　　] •
   점 **점**　글자 **자**

   • ㉠ 한자를 모아 **글자** 하나하나의
   뜻과 소리를 풀이한 책.

2. **字 막** [　　　　] •
   글자 **자**　장막 **막**

   • ㉡ 손가락으로 **글자판**을 쳐서
   종이에 글자를 찍는 기계.

3. **字 전** [　　　　] •
   글자 **자**　책 **전**

   • ㉢ 도드라진 점들을 손가락으로
   더듬어 읽는 시각 장애인용 **문자**.

4. **타 字 기** [　　　　] •
   칠 **타** 글자 **자** 기계 **기**

   • ㉣ 시청자가 읽을 수 있도록
   영상의 화면에 보여 주는 **글자**.

> 아래의 문장에 들어갈 가장 알맞은 단어를 위에서 골라 쓰세요.

5. 소리를 들을 수 없는 청각 장애인들은 [　　　　] 없이는 텔레비전 방송을 보기가 어렵다.

6. 이 교재에서 배운 한자를 [　　　　] 에서 직접 찾아보면 더 재미있게 공부할 수 있다.

2

있을

존

'才(재주 재)'는
새싹의
모양이에요.

모양이 조금
변형되었어요.

'子(아들 자)'는
어린아이의
모양이에요.

있을 존

存

● 새싹[才] 같은 어린아이[子]가 잘 살아 있다는 모양을 합했어요.

옛날에는 태어난 지 얼마 안 된 아기가 목숨을 잃는 일이 많았기 때문에,
집안의 어린아이가 잘 있는지 안부를 물었어요.

'子(아들 자)'에 '才(재주 재)'를 더하여, '存(있을 존)'의 모양을 완성하세요.

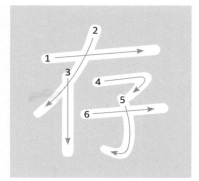

存	存	存	存	

★ 기본적으로 '**있다, 존재하다**', '**살아 있다**'의 뜻으로 쓰여요.
누군가가 잘 있는지 확인하는 '**안부를 묻다**'의 뜻으로도 확장되어 쓰여요.

이 한자가 쓰인
네 개의 단어가 있어요.
어떤 뜻일까요?

(생존자) (기존) (현존) (실존)

> 각 단어를 한글로 쓴 다음, 단어를 이루는 한자의 뜻을 참고하여 알맞은 뜻풀이에 연결하세요.

1 실 存
열매 **실** 있을 **존**

2 현 存
나타날 **현** 있을 **존**

3 기 存
이미 **기** 있을 **존**

4 생 存자
살 **생** 있을 **존** 사람 **자**

• ㉠ 현재 **살아 있음**.

• ㉡ **살아 있는** 사람.
또는 살아남은 사람.

• ㉢ 이미 **있음**.

• ㉣ 실제로 **있음**.

> 아래의 문장에 들어갈 가장 알맞은 단어를 위에서 골라 쓰세요.

5 이 소설은 100년 전에 [   ]했던 인물을 주인공으로 하여 만들어졌다.

6 신제품은 [   ]에 있던 제품보다 훨씬 싸면서도 성능이 좋다.

효도

효

'耂(늙을 로)'의 뜻은 '늙다, 노인'이에요.

'老'의 다른 모양이에요.

'子(아들 자)'는 어린아이의 모양이에요.

효도 효

孝

● 아들[子]과 노인[耂]이 함께하고 있는 모양을 합했어요.

부모에게 업혀서 자랐던 자식이 이제는 다 커서 부모를 등에 업고 보살펴요.

'子(아들 자)'에 '耂(늙을 로)'를 더하여, '孝(효도 효)'의 모양을 완성하세요.

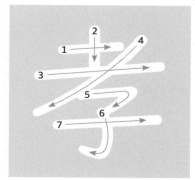

孝	孝	孝	孝	

★ **'효도'**는 **'부모를 정성껏 잘 섬기는 일'**이에요.
감사한 마음으로 부모를 잘 따르고 받들어 모신다는 의미로 쓰여요.

이 한자가 쓰인
네 개의 단어가 있어요.
어떤 뜻일까요?

(불효자) (효행) (효성) (충효)

> 각 단어를 한글로 쓴 다음, 단어를 이루는 한자의 뜻을 참고하여 알맞은 뜻풀이에 연결하세요.

1 **孝 성** [   ]
효도 **효**   정성 **성**

2 **孝 행** [   ]
효도 **효**   행할 **행**

3 **충 孝** [   ]
충성 **충**   효도 **효**

4 **불 孝 자** [   ]
아닐 **불**   효도 **효**   아들 **자**

• ㉠ **마음을 다하여 부모를 섬기는** 정성.

• ㉡ **부모를 섬기어 받들**지 않은 자식.

• ㉢ **부모를 잘 섬기는** 행동.

• ㉣ 충성과 **효도**를 아울러 이르는 말.

> 아래의 문장에 들어갈 가장 알맞은 단어를 위에서 골라 쓰세요.

5 조선 시대에는 나라와 부모에 대한 [   ]의 태도를 중시했다.

6 저는 부모님의 마음을 아프게 한 [   ]입니다.

배울
학

'爻(본받을 효)'의 뜻은 '본받다'예요.

'臼(절구 구)'는 양손으로 받드는 모양이에요.

모양이 조금 변형되었어요.

여기에서 '冖(덮을 멱)'은 '宀(집 면)'이 변형된 모양이에요.

'子(아들 자)'는 어린아이의 모양이에요.

배울 학

學

● 책을 받들어[臼] 본받는[爻] 집[冖]에 아이[子]가 있는 모양을 합했어요.

책을 본보기로 한다는 것은 책으로부터 가르침을 받는 것이에요.

'子(아들 자)'에 '臼(절구 구)'와 '爻(본받을 효)'와 '冖(덮을 멱)'을 더하여, '學(배울 학)'의 모양을 완성하세요.

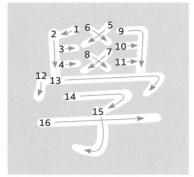

子	子	學	學	

★ 기본적으로 '**배우다**', '**공부하다**'의 의미로 쓰여요.
이 의미는 무엇을 배우는 장소인 '**학교**'의 뜻으로도 확장되어요.

이 한자가 쓰인
네 개의 단어가 있어요.
어떤 뜻일까요?

(전학) (견학) (진학) (학력)

> 각 단어를 한글로 쓴 다음, 단어를 이루는 한자의 뜻을 참고하여 알맞은 뜻풀이에 연결하세요.

1 | 견 學 |
볼 **견** 배울 **학**

2 | 전 學 |
옮길 **전** 배울 **학**

3 | 진 學 |
나아갈 **진** 배울 **학**

4 | 學 력 |
배울 **학** 지날 **력**

• ㉠ 높은 등급의 학교로
더 나아가 **배움**.

• ㉡ 이제까지 지나온
학교와 관련된 경험.

• ㉢ 어떤 곳을 직접 찾아가서
보고 **배움**.

• ㉣ 다니던 학교에서 다른 학교로
옮겨 가서 **배움**.

> 아래의 문장에 들어갈 가장 알맞은 단어를 위에서 골라 쓰세요.

5 나는 자동차 공장으로 [   ]을 가서 버스가 어떻게 만들어지는지 보았다.

6 고등학생인 오빠는 선생님께 어느 대학교에 지원할지 [   ] 상담을 했다.

손자
손

'子(아들 자)'의
뜻은
'**아들**'이에요.

모양이 조금
변형되었어요.

'系(이을 계)'의
뜻은
'**잇다**'예요.

손자 손

孫

● **아들의 아들[子]이 이어지는[系] 모양을 합했어요.**

아버지의 아버지는 할아버지이고, 어머니의 어머니는 할머니예요.
그리고 나는 할아버지와 할머니의 손자예요.

'子(아들 자)'에 '系(이을 계)'를 더하여, '孫(손자 손)'의 모양을 완성하세요.

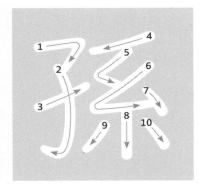

孫	孫	孫	孫	

어떻게 쓰일까요?

★ 기본적으로 '**손자**'라는 의미로 쓰여요. 가장 좁은 의미로는 '아들의 아들'을 뜻하지만,
성별에 상관없이 나의 세대 다음으로 이어지는 자녀를 통틀어 뜻해요.

이 한자가 쓰인
네 개의 단어가 있어요.
어떤 뜻일까요?

 자손   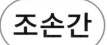 조손간   증손녀   후손

> 각 단어를 한글로 쓴 다음, 단어를 이루는 한자의 뜻을 참고하여 알맞은 뜻풀이에 연결하세요.

1 **자 孫**
아들 **자**   손자 **손**

2 **후 孫**
뒤 **후**   손자 **손**

3 **증 孫 녀**
일찍 **증**   손자 **손**   여자 **녀**

4 **조 孫 간**
할아버지 **조**   손자 **손**   사이 **간**

• ㉠ 자식과 **손자**를 아울러 이르는 말.

• ㉡ 할아버지나 할머니와
손자와의 사이.

• ㉢ 자신의 세대에서
여러 세대가 지난 뒤의 **자녀**.

• ㉣ **손자**의 딸.

> 아래의 문장에 들어갈 가장 알맞은 단어를 위에서 골라 쓰세요.

5 할아버지는 손자가 낳은 [   ]만 보시면 예뻐서 어쩔 줄 몰라 하셨다.

6 그 집은 삼대가 함께 살고 있어서 [   ]의 정이 특히 돈독하다.

子 아들 자	> 갓난아이의 모양이에요. > 한자 '子(아들 자)'의 뜻은 '아들'이에요. 공통으로 들어가는 흐린 한자를 따라 써서, 이 단원에서 배운 한자들을 완성하세요.	
字 글자 자	存 있을 존	孝 효도 효
學 배울 학	孫 손자 손	

아래 문장을 읽고 알맞은 설명이 되도록 ◯ 하세요.

한자 '字, 存, 孝, 學, 孫' 모두

'子(아들 자)'의 │ **뜻(모양)**과 │ **소리**와 │ 더욱 밀접한 관계를 맺고 있어요.

반 反
돌이킬 **반**

포 哺
먹일 **포**

지 之
갈 **지**

효 孝
효도 효

'반포지효'는 위의 네 한자로 이루어진 말이에요.
이 단어의 겉으로 드러난 의미는
'반대로 먹여 기르는 **효도**'예요.
이 말은, 어미의 보살핌을 받던 새끼 까마귀가
자라서는 반대로 늙은 어미에게 먹이를 물어다
준다는 뜻으로, 자식이 자란 후에 부모를
지극하게 모시는 효성을 이르는 말이에요.

예문을 통해 '반포지효'가 어떻게 쓰이는지 파악하고,
마지막 예문을 직접 만들어 써 보세요.

● 부모를 **반포지효**로 모시는 것은 자식의 마땅한 도리이다.

● 형은 **반포지효**의 뜻으로 병에 걸리신 아버지께 간을 이식해 드렸다.

▶

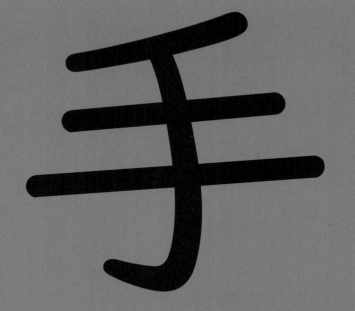

손 수

짝 벌린 손의 모양이에요.

뜻	소리
손	수

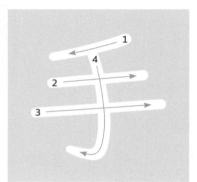

'手'는 옆에서 쓰일 때 '扌'로 모양이 바뀌기도 해요.

한자 미리 만나기

이번 단원에서 배울 한자들의 이름을 따라 쓰고,
'手(손 수)'의 뜻과 어떤 관련이 있는지 생각해 보세요.

		뜻	소리	
	手	손	수	
1	扶	돕다	부	도울 부
2	投	던지다	투	던질 투
3	掌	손바닥	장	손바닥 장
4	拳	주먹	권	주먹 권
5	擧	들다	거	들 거

도울
부

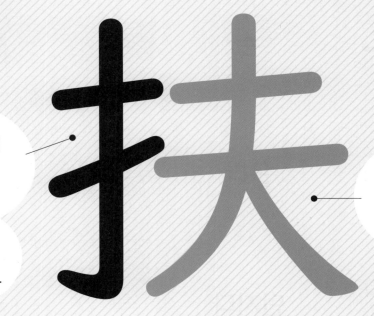

'手(손 수)'의
뜻은
'손'이에요.

글자의
옆에서는
'扌'로 쓰여요.

'夫(남편 부)'는
성인 남자의
모양이에요.

도울 **부**

扶

● 남편[夫] 옆에서 손[扌]으로 붙들어 부축하는 모양을 합했어요.
옆 사람이 쓰러지지 않도록 겨드랑이를 붙잡아 걷는 것을 도와요.

'手(손 수)'에 '夫(남편 부)'를 더하여, '扶(도울 부)'의 모양을 완성하세요.

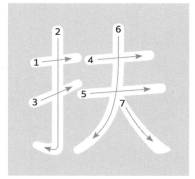

扶	扶	扶	扶	

★ 기본적으로 '**돕다**'라는 의미로 쓰여요.
이 의미는 '**떠받치다**', '**붙들다**'에서 더 나아가 '**부축하다**'의 뜻으로도 확장되어요.

이 한자가 쓰인
네 개의 단어가 있어요.
어떤 뜻일까요?

(부조금) (상부) (부양) (부지)

> 각 단어를 한글로 쓴 다음, 단어를 이루는 한자의 뜻을 참고하여 알맞은 뜻풀이에 연결하세요.

1 | 扶 양 | [　　] •

도울 **부**　기를 **양**

• ㉠ 서로 **도움**.

2 | 扶 조 금 | [　　] •

도울 **부** 도울 **조** 쇠 **금**

• ㉡ 혼자 생활하기 어려운 사람을
도와서 돌봄.

3 | 扶 지 | [　　] •

도울 **부**　버틸 **지**

• ㉢ 목숨이나 지위 따위를
어렵게 **떠받쳐서** 겨우 버팀.

4 | 상 扶 | [　　] •

서로 **상**　도울 **부**

• ㉣ 잔칫집이나 상을 당한 집에
도와주려고 내는 돈.

> 아래의 문장에 들어갈 가장 알맞은 단어를 위에서 골라 쓰세요.

5 부모님이 일찍 돌아가셔서 맏아들인 그가 어린 동생들을 [　　　]했다.

6 산사태로 동굴에 갇힌 그는 고인 물을 마시며 겨우 목숨을 [　　　]했다.

던질
투

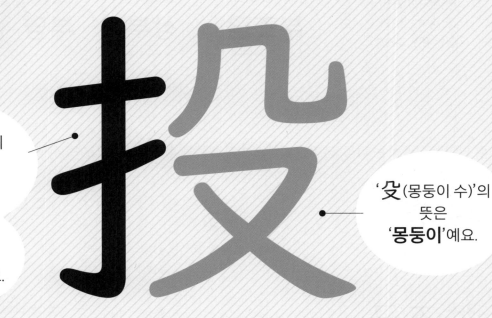

'**手**(손 수)'의
뜻은
'**손**'이에요.

글자의
옆에서는
'**扌**'로 쓰여요.

'**殳**(몽둥이 수)'의
뜻은
'**몽둥이**'예요.

던질 **투**

投

● 손[扌]에 몽둥이[殳]를 들고 있는 모양을 합했어요.
  손에 든 몽둥이를 공중으로 던져 다른 곳에 떨어지도록 해요.

'**手**(손 수)'에 '**殳**(몽둥이 수)'를 더하여, '**投**(던질 투)'의 모양을 완성하세요.

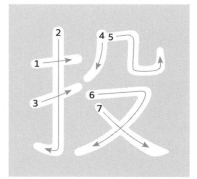

投	投	投	投	

어떻게 쓰일까요?

★ 기본적으로 '**던지다**'의 뜻으로 쓰여요. 손에 든 물건을 내보내는 것이라는 점에서 물건 따위를 남에게 '**주다**', '**보내다**'의 뜻으로도 확장되어요.

이 한자가 쓰인
네 개의 단어가 있어요.
어떤 뜻일까요?

투표　투항　투수　투자

> 각 단어를 한글로 쓴 다음, 단어를 이루는 한자의 뜻을 참고하여 알맞은 뜻풀이에 연결하세요.

1 投 수
던질 **투**　손 **수**

　• ㉠ 적에게 항복의 뜻을 **보냄**.

2 投 표
던질 **투**　표 **표**

　• ㉡ 야구에서, 공을 **던지는** 선수.

3 投 자
던질 **투**　재물 **자**

　• ㉢ 이익을 얻기 위하여 어떤 일에 돈을 **보내거나** 시간을 쏟음.

4 投 항
던질 **투**　항복할 **항**

　• ㉣ 어떤 일을 결정할 때 표를 **던져** 의견을 표시하여 내는 일.

> 아래의 문장에 들어갈 가장 알맞은 단어를 위에서 골라 쓰세요.

5 나도 어서 내가 원하는 대통령 후보에 ☐☐☐할 수 있는 나이가 되면 좋겠다.

6 회사는 신제품을 광고하는 데에 수억 원씩 ☐☐☐하여 적극적으로 홍보했다.

손바닥 장

'手(손 수)'의
뜻은
'손'이에요.

'尚(높일 상)'의
뜻은
'높이다'예요.

모양이 조금
변형되었어요.

손바닥 장

掌

● 손[手]을 높이 들면[尚] 손바닥이 보이는 모양을 합했어요.

남을 자기 손바닥에 놓고 쥐락펴락 마음대로 부리는 사람들이 있어요.

'手(손 수)'에 '尚(높일 상)'을 더하여, '掌(손바닥 장)'의 모양을 완성하세요.

掌 掌 掌 掌

★ 기본적으로 '**손바닥**'이라는 의미지만, 더 넓게 보아 '**손**'의 의미로도 쓰여요.
이 의미는 '**솜씨**'로도 쓰이고, 더 나아가 어떤 일을 '**맡다, 다루다**'의 뜻으로도 확장되어요.

이 한자가 쓰인
네 개의 단어가 있어요.
어떤 뜻일까요?

(장갑) (합장) (관장) (장악)

> 각 단어를 한글로 쓴 다음, 단어를 이루는 한자의 뜻을 참고하여 알맞은 뜻풀이에 연결하세요.

1 掌 갑 [   ] •

손바닥 **장** 갑옷 **갑**

• ㉠ **손안**에 잡아 쥔다는 뜻으로,
무엇을 마음대로 할 수 있게 됨.

2 掌 악 [   ] •

손바닥 **장** 쥘 **악**

• ㉡ **손**을 보호하기 위하여 끼는 물건.

3 관 掌 [   ] •

맡을 **관** 손바닥 **장**

• ㉢ 두 **손바닥**을 합하여
마음이 한결같음을 나타냄.

4 합 掌 [   ] •

합할 **합** 손바닥 **장**

• ㉣ 일을 맡아서 **다룸**.

> 아래의 문장에 들어갈 가장 알맞은 단어를 위에서 골라 쓰세요.

5 그의 카리스마 넘치는 연기는 무대를 완전히 [   ]했다.

6 스님은 지나가던 우리에게 두 손을 모아 [   ]으로 인사하셨다.

주먹

권

‘共(구부릴 권)’은 두 손을 구부려 움켜쥐는 모양이에요.

‘手(손 수)’의 뜻은 ‘손’이에요.

주먹 권

拳

● 손[手]을 구부려[共] 주먹을 쥔 모양을 합했어요.

세 개의 손이 마치 주먹을 휘두르는 움직임을 표현한 것 같기도 해요.

‘手(손 수)’에 ‘共(구부릴 권)’을 더하여, ‘拳(주먹 권)’의 모양을 완성하세요.

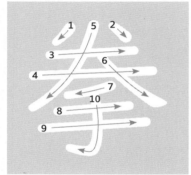

手	手	拳	拳	

어떻게 쓰일까요?

★ 기본적으로 '**주먹**'이라는 의미로 쓰여요. 안쪽으로 오므려 쥔 '**손**'을 말해요.
이 의미는 '**주먹을 쥐다**', '**주먹질하다**'의 뜻으로도 쓰여요.

이 한자가 쓰인
네 개의 단어가 있어요.
어떤 뜻일까요?

(태권도)　(권총)　(권투)　(철권)

> 각 단어를 한글로 쓴 다음, 단어를 이루는 한자의 뜻을 참고하여 알맞은 뜻풀이에 연결하세요.

1 **拳** 투 [　　　] ·

주먹 **권**　싸움 **투**

· ㉠ 두꺼운 장갑을 낀 **주먹**으로
상대를 쳐서 겨루는 운동 경기.

2 **拳** 총 [　　　] ·

주먹 **권**　총 **총**

· ㉡ 쇠뭉치같이 매우 강한 **주먹**.

3 태 **拳** 도 [　　　] ·

밟을 **태**　주먹 **권**　길 **도**

· ㉢ 우리나라 전통 무술에 바탕을 둔,
손과 발 등을 사용해 겨루는 운동.

4 철 **拳** [　　　] ·

쇠 **철**　주먹 **권**

· ㉣ **한 손에 쥐고** 사용하는
작고 짧은 총.

> 아래의 문장에 들어갈 가장 알맞은 단어를 위에서 골라 쓰세요.

5 외국에서도 우리나라의 무술인 [　　　] 도장을 다니는 아이들이 꾸준히 늘고 있다.

6 그는 주먹이 보통 사람과 달리 [　　　] 같아서 한 방이면 끝난다.

들

거

두 사람이
손을 마주 잡고 있는
모양을 합한

'與(더불 여)'의
뜻은
'**더불다**'예요.

모양이 조금
변형되었어요.

'手(손 수)'의
뜻은
'**손**'이에요.

들 거

● 여럿이 더불어[與] 손[手]을 모아 물건을 드는 모양을 합했어요.

무거운 것을 들어 올려 일으킬 때에는 여러 사람의 손이 필요해요.

'手(손 수)'에 '與(더불 여)'를 더하여, '擧(들 거)'의 모양을 완성하세요.

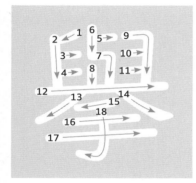

擧	擧	擧	擧	
手	手			

어떻게 쓰일까요?

★ 기본적으로 '**들다**'의 뜻이에요. 어떤 것을 위로 들어 올린다는 점에서 '**일으키다**'로도 쓰여요.
이 의미는 여럿 가운데 어떤 것을 골라 집어낸다는 '**뽑다**'의 의미로도 확장되어요.

이 한자가 쓰인
네 개의 단어가 있어요.
어떤 뜻일까요?

(선거)　(의거)　(거중기)　(거수)

> 각 단어를 한글로 쓴 다음, 단어를 이루는 한자의 뜻을 참고하여 알맞은 뜻풀이에 연결하세요.

1 **擧 수** 　[　　　]　•
　들 거　손 수

2 **擧 중 기** 　[　　　]　•
　들 거　무거울 중　그릇 기

3 **의 擧** 　[　　　]　•
　옳을 의　들 거

4 **선 擧** 　[　　　]　•
　가릴 선　들 거

• ㉠ 예전에, 무거운 물건을
　들어 올리는 데에 쓰던 기계.

• ㉡ 손을 위로 **들어 올림**.

• ㉢ 많은 사람 중에 투표를 통해
　대표를 가려 **뽑는** 일.

• ㉣ 정의를 위하여 옳은 일을 **일으킴**.

> 아래의 문장에 들어갈 가장 알맞은 단어를 위에서 골라 쓰세요.

5 이번 선거는 비밀 투표가 아니라 앉은 자리에서 손을 들어 [　　　]로 진행되었다.

6 독재자를 몰아내기 위해 학생과 시민들의 [　　　]가 잇따라 일어났다.

손 수

> 쫙 벌린 손의 모양이에요.
> 한자 '**手**(손 수)'의 뜻은 '**손**'이에요.

공통으로 들어가는 흐린 한자를 따라 써서,
이 단원에서 배운 한자들을 완성하세요.

扶 도울 부	投 던질 투	掌 손바닥 장
拳 주먹 권	擧 들 거	

아래 문장을 읽고 알맞은 설명이 되도록 ◯ 하세요.

한자 '**扶, 投, 掌, 拳, 擧**' 모두

'**手**(손 수)'의 | **뜻(모양)**과 | **소리**와 | 더욱 밀접한 관계를 맺고 있어요.

일거양득

一	擧	兩	得
하나 **일**	들 거	두 **량**	얻을 득

'일거양득'은 위의 네 한자로 이루어진 말이에요.
이 단어는 '한 번 **들어** 둘을 얻는다.'라는 말이에요.
옛날에 한 장사가 꾀를 낸 이야기가 있어요.
두 호랑이가 서로 싸워 지치기를 기다렸다가,
지친 호랑이 두 마리를 모두 손쉽게 잡았지요.
이처럼, 한 가지 일을 하여 두 가지 이익을
얻는 경우에 이 단어를 사용해요.

예문을 통해 '일거양득'이 어떻게 쓰이는지 파악하고,
마지막 예문을 직접 만들어 써 보세요.

● 운동을 하면 건강도 좋아지고 스트레스도 풀리니 **일거양득**의 효과가 있다.

● 카페에서 개인 컵을 사용하면 할인도 받고 쓰레기도 줄어 **일거양득**이다.

▶ _____

나눌 분

칼[刀]로 물건을
반으로 나눈[八]
모양을 합했어요.

뜻	소리
나누다	분

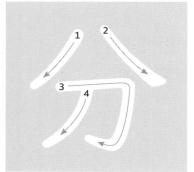

分	分		

한자 미리 만나기

이번 단원에서 배울 한자들의 이름을 따라 쓰고,
'分(나눌 분)'의 뜻이나 소리와 어떤 관련이 있는지 생각해 보세요.

	한자	뜻	소리	
	分	나누다	분	
1	粉	가루	분	가루 분
2	紛	어지럽다	분	어지러울 분
3	盆	동이	분	동이 분
4	貧	가난하다	빈	가난할 빈

가루
분

'米(쌀 미)'의
뜻은
'쌀'이에요.

'分(나눌 분)'의
소리는
'분'이에요.

가루 분

粉

● '米'의 뜻[쌀]과 '分'의 소리[분]를 가졌어요.

조그만 쌀알을 나누면 더 조그만 쌀가루가 되어요.

'分(나눌 분)'에 '米(쌀 미)'를 더하여, '粉(가루 분)'의 모양을 완성하세요.

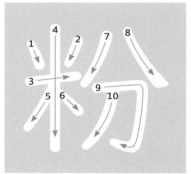

粉	粉	粉	粉	

★ 원래는 '**쌀가루**'라는 의미지만, 일반적인 '**가루**'의 뜻으로 넓게 쓰여요.
얼굴에 분(가루)을 바르는 '**화장하다**'의 뜻으로도 확장되어 쓰여요.

이 한자가 쓰인
네 개의 단어가 있어요.
어떤 뜻일까요?

분식   분말   분쇄   화분

> 각 단어를 한글로 쓴 다음, 단어를 이루는 한자의 뜻을 참고하여 알맞은 뜻풀이에 연결하세요.

1 화 粉 [   ] •
꽃 **화**   가루 **분**

2 粉 식 [   ] •
가루 **분**   먹을 **식**

3 粉 말 [   ] •
가루 **분**   끝 **말**

4 粉 쇄 [   ] •
가루 **분**   부술 **쇄**

• ㉠ 바람이나 곤충을 통해 운반되는
     꽃의 수술에 있는 **가루**.

• ㉡ 딱딱한 물건을
     끝까지 잘게 갈아서 만든 **가루**.

• ㉢ **가루**가 되도록 잘게 부스러뜨림.

• ㉣ 밀**가루**로 만든 음식.

> 아래의 문장에 들어갈 가장 알맞은 단어를 위에서 골라 쓰세요.

5 주말 점심은 보통 [   ] 집에 가서 떡볶이나 라면으로 때운다.

6 아침마다 어머니께서 커피 원두를 [   ] 하는 냄새가 참 좋다.

어지러울

분

'糸(실 사)'의
뜻은
'**가는 실**'이에요.

'**分**(나눌 분)'의
소리는
'**분**'이에요.

어지러울 분

紛

- '糸'의 뜻[실, 실타래]과 '分'의 소리[분]를 가졌어요.

  가는 실을 뭉쳐 놓은 실타래가 헝클어지면 풀기 힘들 정도로 얽혀 버려요.

'分(나눌 분)'에 '糸(실 사)'를 더하여, '紛(어지러울 분)'의 모양을 완성하세요.

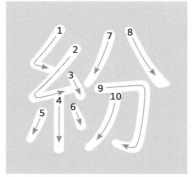

紛	紛	紛	紛	

어떻게 쓰일까요?

★ 기본적으로 '**어지럽다**'의 뜻으로 쓰여요. 물건들이 이리저리 흩어져 있어 '**복잡하거나**', 여럿이 얽히고 뒤섞이면서 마구 헝클어져 '**어수선한**' 것이에요.

이 한자가 쓰인
네 개의 단어가 있어요.
어떤 뜻일까요?

(분실물) (내분) (분분) (분쟁)

> 각 단어를 한글로 쓴 다음, 단어를 이루는 한자의 뜻을 참고하여 알맞은 뜻풀이에 연결하세요.

1 紛 실 물 [   ] •
어지러울 **분** 잃을 **실** 물건 **물**

• ㉠ 서로 물러서지 않고 **시끄럽고 복잡하게** 다툼.

2 紛 쟁 [   ] •
어지러울 **분** 다툴 **쟁**

• ㉡ 한 집단 안에서 자기들끼리 **뒤엉켜 어지러움**.

3 紛 紛 [   ] •
어지러울 **분** 어지러울 **분**

• ㉢ **자기도 모르는 사이에** 잃어버린 물건.

4 내 紛 [   ] •
안 **내** 어지러울 **분**

• ㉣ **여럿이 한데 뒤섞여 어수선함**. 또는 서로 다른 의견이 많아 어지러움.

> 아래의 문장에 들어갈 가장 알맞은 단어를 위에서 골라 쓰세요.

5 도서관 입구에는 학생들이 실수로 놓고 간 [   ] 들이 잔뜩 진열되어 있었다.

6 이번 학기 학급 회장으로 누가 좋을 것인지에 대해 의견이 [   ] 하다.

동이

분

'分(나눌 분)'의
소리는
'분'이에요.

'皿(그릇 명)'의
뜻은
'그릇'이에요.

동이 분

盆

● '皿'의 뜻[그릇]과 '分'의 소리[분]를 가졌어요.
그릇에 음식을 담아 여러 사람에게 나누어 줄 수 있어요.

'分(나눌 분)'에 '皿(그릇 명)'을 더하여, '盆(동이 분)'의 모양을 완성하세요.

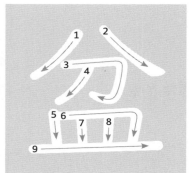

分	分	盆	盆	

★ '**동이**'는 물을 긷는 데 쓰던, 입구가 넓고 양옆에 손잡이가 달린 둥근 그릇이에요.
일반적인 '**그릇**'뿐만 아니라 그릇의 모양을 하고 있는 물건의 뜻으로도 확장되어 쓰여요.

이 한자가 쓰인
네 개의 단어가 있어요.
어떤 뜻일까요?

분갈이　분재　분지　화분

> 각 단어를 한글로 쓴 다음, 단어를 이루는 한자의 뜻을 참고하여 알맞은 뜻풀이에 연결하세요.

1 **화 盆** ☐
꽃 **화**　동이 **분**

2 **盆 갈이** ☐
동이 **분**

3 **盆 재** ☐
동이 **분**　심을 **재**

4 **盆 지** ☐
동이 **분**　땅 **지**

• ㉠ **화분**에 심은 나무의 가지를 보기 좋게 가꿈.

• ㉡ 꽃이나 풀을 심어 가꾸는 **그릇**.

• ㉢ 주위는 높은 산으로 둘러싸였고 그 안은 낮게 평평하여 **그릇**처럼 생긴 지역.

• ㉣ 심겨 있는 식물을 다른 **화분**으로 갈아 옮기는 일.

> 아래의 문장에 들어갈 가장 알맞은 단어를 위에서 골라 쓰세요.

5 원래의 화분에 크기가 더 이상 맞지 않는 나무를 더 큰 화분으로 ☐ 했다.

6 대구는 ☐ 에 발달한 대표적인 도시 중 하나로, 여름에 덥고 겨울에 추운 곳이다.

가난할
빈

'分(나눌 분)'의
뜻은
'**나누다**'예요.

'貝(조개 패)'의
뜻은
'**조개**'예요.

조개는 옛날에
'**화폐**'나 '**재물**'로
쓰였어요.

가난할 빈

貧

● 재물[貝]이 나누어져[分] 가난한 모양을 합했어요.

너무 가난하면 남에게 나누어 줄 수 있는 것이 없어요.

'分(나눌 분)'에 '貝(조개 패)'를 더하여, '貧(가난할 빈)'의 모양을 완성하세요.

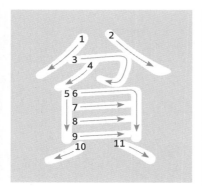

分	分	貧	貧	

어떻게 쓰일까요?

★ 기본적으로 '**가난하다**'의 뜻으로 쓰여요. 가난하면 살림살이가 부족하다는 점에서 무엇이 '**모자라다**', '**부족하다**'의 뜻으로도 확장되어요.

이 한자가 쓰인
네 개의 단어가 있어요.
어떤 뜻일까요?

(빈민가) (빈곤) (빈부) (빈혈)

> 각 단어를 한글로 쓴 다음, 단어를 이루는 한자의 뜻을 참고하여 알맞은 뜻풀이에 연결하세요.

1 **貧** 곤 [   ]
가난할 **빈** 괴로울 **곤**

2 **貧** 민가 [   ]
가난할 **빈** 백성 **민** 거리 **가**

3 **貧** 혈 [   ]
가난할 **빈** 피 **혈**

4 **貧** 부 [   ]
가난할 **빈** 부유할 **부**

• ㉠ 핏속에 산소를 운반하는 성분이 **부족한** 상태.

• ㉡ **가난함**과 부유함.

• ㉢ **가난하여** 살기가 어렵고 괴로움.

• ㉣ **가난한** 사람들이 모여 사는 거리.

> 아래의 문장에 들어갈 가장 알맞은 단어를 위에서 골라 쓰세요.

5 그녀는 부모 없이 [   ] 근처를 떠돌아다니고 있던 소년을 경찰서에 데려다주었다.

6 현대 사회에서 급히 해결해야 할 문제는 [   ]의 불균형을 줄이는 일이다.

分
나눌 분

> 칼[刀]로 물건을 반으로 나눈[八] 모양을 합했어요.

> 한자 '分(나눌 분)'의 뜻은 '나누다'이고,
소리는 '분'이에요.

공통으로 들어가는 흐린 한자를 따라 써서,
이 단원에서 배운 한자들을 완성하세요.

가루 분

어지러울 분

동이 분

가난할 빈

아래 문장을 읽고 알맞은 설명이 되도록 ○ 하세요.

한자 '粉, 紛, 盆'은 '分(나눌 분)'의 │ **뜻(모양)**과 │ **소리**와 │ ,

'貧'은 '分'의 │ **뜻(모양)**과 │ **소리**와 │ 더욱 밀접한 관계를 맺고 있어요.

안	빈	낙	도
安	貧	樂	道
편안할 **안**	가난할 **빈**	즐길 **락**	길 **도**

'안빈낙도'는 위의 네 한자로 이루어진 말이에요.
이 단어는 '**가난한** 생활을 하면서도
편안한 마음으로 도를 즐긴다.'는 의미예요.
떳떳하지 못하거나 욕심을 부려 얻은 재물로
호화롭게 살기보다, 겸손한 마음으로 만족하며
옳은 길을 가는 삶의 태도를 말해요.

예문을 통해 '안빈낙도'가 어떻게 쓰이는지 파악하고,
마지막 예문을 직접 만들어 써 보세요.

- 그는 바쁜 도시 생활에서 벗어나 시골에서 **안빈낙도**하며 살고 있다.

- 나도 내게 주어진 상황에 만족하는 **안빈낙도**의 태도를 가질 것이다.

▶

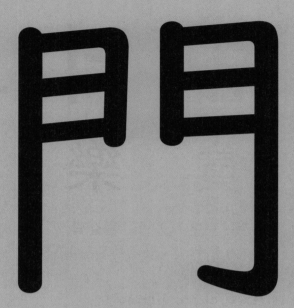

문 문

두 개의 문짝 모양이에요.

뜻	소리
문	문

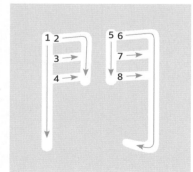

門	門			

한자 미리 만나기

이번 단원에서 배울 한자들의 이름을 따라 쓰고,
'門(문 문)'의 뜻과 어떤 관련이 있는지 생각해 보세요.

	한자	뜻	소리	
	門	문	문	
1	問	묻다	문	물을 문
2	間	사이	간	사이 간
3	閑	한가하다	한	한가할 한
4	關	빗장	관	빗장 관
5	開	열다	개	열 개
6	閉	닫다	폐	닫을 폐

1

물을
문

'門(문 문)'의
뜻은
'문'이에요.

'口(입 구)'의
뜻은
'입, 말하다'예요.

물을 문

● 남의 집 문[門] 앞에 가서 안부를 묻는[口] 모양을 합했어요.

예전에는 남의 집 대문 밖에서 "이리 오너라." 하고 사람을 불렀어요.

'門(문 문)'에 '口(입 구)'를 더하여, '問(물을 문)'의 모양을 완성하세요.

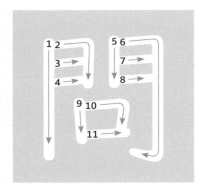

問	問	問	問	

★ 기본적으로 '**묻다**'의 뜻이에요. 문 앞으로 찾아가서 묻는 '**방문하다**'의 뜻으로도 쓰이고, 더 나아가 누군가를 방문했을 때 물어서 들을 수 있는 '**소식**'의 뜻으로도 확장되어요.

이 한자가 쓰인
네 개의 단어가 있어요.
어떤 뜻일까요?

(문안) (조문) (위문) (문의)

> 각 단어를 한글로 쓴 다음, 단어를 이루는 한자의 뜻을 참고하여 알맞은 뜻풀이에 연결하세요.

1 **問 의** ☐
물을 문 의논할 의

2 **問 안** ☐
물을 문 편안할 안

3 **위 問** ☐
위로할 위 물을 문

4 **조 問** ☐
조문할 조 물을 문

• ㉠ 위로하기 위하여
찾아가서 안부를 **물음**.

• ㉡ 궁금한 것을 **물어서**
서로 의견을 나눔.

• ㉢ 초상집에 찾아가 남의 죽음을
슬퍼하고, 상주의 안부를 **물음**.

• ㉣ 웃어른께 편안하게
잘 지내시는지 안부를 **여쭘**.

> 아래의 문장에 들어갈 가장 알맞은 단어를 위에서 골라 쓰세요.

5 나는 같이 사는 할아버지께 아침마다 방문 앞에서 ☐ 인사를 드린다.

6 군인 아저씨들은 초등학생들이 보낸 ☐ 편지를 읽고 힘이 났다.

사이
간

'門(문 문)'의
뜻은
'문'이에요.

'日(날 일)'의
뜻은
'날, 해'예요.

사이 **간**

間

● 문[門]틈 사이로 햇빛[日]이 비치는 모양을 합했어요.

벌어져 있는 그 사이가 멀 수도 가까울 수도 있어요.

'門(문 문)'에 '日(날 일)'을 더하여, '間(사이 간)'의 모양을 완성하세요.

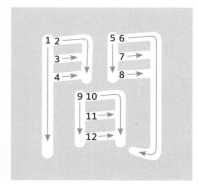

間	間	間	間	

★ '**사이**'는 한곳에서 다른 곳까지의 거리나, 한때부터 다른 때까지의 시간을 말해요.
사람에 적용되어 쓰이면 사람과 사람이 서로 맺은 관계를 뜻하기도 해요.

이 한자가 쓰인
네 개의 단어가 있어요.
어떤 뜻일까요?

간첩　　모자간　　간격　　부녀간

> 각 단어를 한글로 쓴 다음, 단어를 이루는 한자의 뜻을 참고하여 알맞은 뜻풀이에 연결하세요.

1
間 격
사이 **간** 사이뜰 **격**

　•

　　• ㉠ 공간이나 시간이 벌어진 **사이**.

2
間 첩
사이 **간** 염탐할 **첩**

　•

　　• ㉡ 어머니와 아들 **사이**.

3
부 녀 間
아버지 **부** 여자 **녀** 사이 **간**

　•

　　• ㉢ 아버지와 딸 **사이**.

4
모 자 間
어머니 **모** 아들 **자** 사이 **간**

　•

　　• ㉣ 두 나라나 단체 **사이**에서
한 곳의 비밀 정보를 알아내어
다른 곳에 넘겨주는 사람.

> 아래의 문장에 들어갈 가장 알맞은 단어를 위에서 골라 쓰세요.

5　이 계단은 [　　　　]이 너무 넓어서 빠르게 올라가기가 힘들다.

6　저 둘은 [　　　　]이라는데 어머니가 젊어 보여서 꼭 오누이 같다.

한가할
한

'門(문 문)'의
뜻은
'문'이에요.

'木(나무 목)'의
뜻은
'나무'예요.

한가할 한

閑

● 문[門]을 나무[木]로 막으니 아무도 드나들지 못하는 모양을 합했어요.
아무도 왔다 갔다 하지 못하니 혼자만의 여유가 생겨요.

'門(문 문)'에 '木(나무 목)'을 더하여, '閑(한가할 한)'의 모양을 완성하세요.

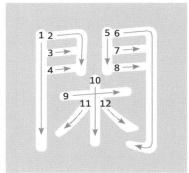

閑	閑	閑	閑	

어떻게 쓰일까요?

★ **'한가하다'**는 것은 바쁘지 않고 여유가 있다는 의미예요. 혼자만의 여유가 있다면 외부의 간섭을 받지 않는 것이라는 점에서, 다른 무엇에 **'관심이 없다'**의 뜻으로도 확장되어요.

이 한자가 쓰인
네 개의 단어가 있어요.
어떤 뜻일까요?

(한적) (한량) (등한시) (농한기)

> 각 단어를 한글로 쓴 다음, 단어를 이루는 한자의 뜻을 참고하여 알맞은 뜻풀이에 연결하세요.

1
閑 적 ☐
한가할 **한** 고요할 **적**
•

2
농 閑 기 ☐
농사 **농** 한가할 **한** 때 **기**
•

3
등 閑 시 ☐
같을 **등** 한가할 **한** 볼 **시**
•

4
閑 량 ☐
한가할 **한** 어질 **량**
•

• ㉠ 농사일이 바쁘지 않아서 **한가한** 때.

• ㉡ **관심이 없는** 것처럼 소홀하게 보아 넘김.

• ㉢ **한가하고** 고요함.

• ㉣ 돈 잘 쓰고 잘 노는 **한가한** 사람을 비유적으로 이르는 말.

> 아래의 문장에 들어갈 가장 알맞은 단어를 위에서 골라 쓰세요.

5 평일이라서 놀이동산은 아주 ☐ 하였다.

6 누나가 동아리 활동에만 집중을 하느라 학교 공부를 ☐ 하고 있다.

빗장
관

'門(문 문)'의
뜻은
'문'이에요.

'絲(실꿸 관)'의
뜻은
'실을 꿰다'예요.

빗장 관

關

- 문[門]의 빗장이 실을 꿰듯[絲] 단단히 연결된 모양을 합했어요.
  빗장을 걸면 두 개의 문짝이 나란히 꼭 붙어 떨어지지 않아요.

'門(문 문)'에 '絲(실꿸 관)'을 더하여, '關(빗장 관)'의 모양을 완성하세요.

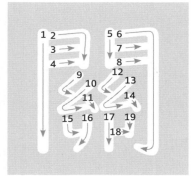

어떻게 쓰일까요?

★ '**빗장**'은 문을 닫고 가로질러 잠그는 막대기예요. 두 개의 문짝을 굳게 연결한다는 점에서, 둘 이상의 무언가가 서로 관련을 맺고 있다는 '**관계**'의 뜻으로 많이 쓰여요.

이 한자가 쓰인
네 개의 단어가 있어요.
어떤 뜻일까요?

(관계자) (관심) (무관) (상관)

> 각 단어를 한글로 쓴 다음, 단어를 이루는 한자의 뜻을 참고하여 알맞은 뜻풀이에 연결하세요.

1 **關 심**
빗장 **관**   마음 **심**

· ㉠ **관계**가 없음.

2 **關 계자**
빗장 **관** 맬 **계** 사람 **자**

· ㉡ 어떤 것에 **꿰여** 끌리는 마음.

3 **상 關**
서로 **상** 빗장 **관**

· ㉢ 어떤 일과 **빗장**으로 매이듯 **관련이 있는** 사람.

4 **무 關**
없을 **무** 빗장 **관**

· ㉣ 서로 **관련**을 가짐.

> 아래의 문장에 들어갈 가장 알맞은 단어를 위에서 골라 쓰세요.

5 우리는 공통적인 [   ] 거리가 많아 끊임없이 대화를 나누었다.

6 아버지께서 이 사건은 나와는 [   ] 하니 걱정하지 말라고 하셨다.

열

개

'門(문 문)'의 뜻은 '문'이에요.

여기에서 '幵(평평할 견)'은 양손으로 빗장을 푸는 모양이에요.

모양이 조금 변형되었어요.

열 개

開

● 양손으로 빗장을 풀어[幵] 문[門]을 여는 모양을 합했어요.

닫혀 있던 문을 활짝 열면, 처음 보는 새로운 세계가 열려요.

'門(문 문)'에 '幵(평평할 견)'을 더하여, '開(열 개)'의 모양을 완성하세요.

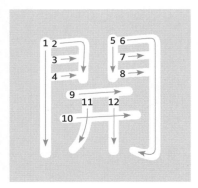

開	開	開	開

어떻게 쓰일까요?

★ 기본적으로 '**열다, 열리다**'의 뜻으로 쓰여요. 닫히거나 잠긴 것을 트이게 하는 것이에요.
이 의미는 꽃이 '**피다**', 새로운 일을 '**시작하다**'의 뜻으로도 확장되어요.

이 한자가 쓰인
네 개의 단어가 있어요.
어떤 뜻일까요?

(개통) (개표) (개막) (개항)

> 각 단어를 한글로 쓴 다음, 단어를 이루는 한자의 뜻을 참고하여 알맞은 뜻풀이에 연결하세요.

1 開 막
   열**개** 막**막**

2 開 표
   열**개** 표**표**

3 開 통
   열**개** 통할**통**

4 開 항
   열**개** 항구**항**

• ㉠ 길, 다리, 전화, 통신 따위를
  새롭게 **열어** 서로 통하게 함.

• ㉡ 막을 **연다**는 뜻으로,
  공연이나 행사를 시작함.

• ㉢ 외국과 교류를 할 수 있도록
  항구를 **엶**.

• ㉣ 투표함을 **열고**
  투표의 결과를 알아봄.

> 아래의 문장에 들어갈 가장 알맞은 단어를 위에서 골라 쓰세요.

5 어머니는 선거 후 [   ] 방송에서 자신이 지지하는 후보가 앞서자 기뻐하셨다.

6 내가 중학생이 되면 아버지께서 휴대 전화를 [   ] 해 주겠다고 약속하셨다.

닫을
폐

'門(문 문)'의
뜻은
'문'이에요.

여기에서
'才(재주 재)'는
빗장이 걸려 있는
모양이에요.

닫을 폐

閉

● 닫힌 문[門]에 빗장이 걸려 있는[才] 모양을 합했어요.

문을 걸어 잠그면 그 누구도 안으로 들어오거나 안을 들여다볼 수 없어요.

'門(문 문)'에 '才(재주 재)'를 더하여, '閉(닫을 폐)'의 모양을 완성하세요.

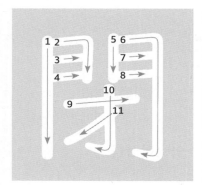

閉	閉	閉	閉	

어떻게 쓰일까요?

★ 기본적으로 '**닫다**', '**막다**'의 뜻으로 쓰여요.
문을 닫으면 보이지 않으니 '**가리다**', '**감추다**'의 뜻으로도 확장되어요.

이 한자가 쓰인
네 개의 단어가 있어요.
어떤 뜻일까요?

(폐업) (폐막식) (폐쇄) (밀폐)

> 각 단어를 한글로 쓴 다음, 단어를 이루는 한자의 뜻을 참고하여 알맞은 뜻풀이에 연결하세요.

1 **밀 閉**

빽빽할 **밀** 닫을 **폐**

• ⊙ 샐 틈이 없이 꼭 **닫음**.

2 **閉 쇄**

닫을 **폐** 자물쇠 **쇄**

• ⓒ 행사의 마지막 순서에, 막을 내려 **닫으며** 행사를 끝내는 의식.

3 **閉 업**

닫을 **폐** 일 **업**

• ⓒ **문을 닫고** 영업을 하지 않음.

4 **閉 막 식**

닫을 **폐** 막 **막** 법 **식**

• ② **문을 닫거나** 막아 버림. 또는 서로 주고받는 교류 따위를 끊음.

> 아래의 문장에 들어갈 가장 알맞은 단어를 위에서 골라 쓰세요.

5 지진이 나자 정부는 더 큰 피해를 막기 위해 모든 다리를 [   ]했다.

6 올림픽 [   ]의 마지막 순서로 경기장에 켜 놓았던 횃불을 끄는 일만이 남았다.

門
문 문

> 두 개의 문짝 모양이에요.
> 한자 '**門**(문 문)'의 뜻은 '**문**'이에요.

공통으로 들어가는 흐린 한자를 따라 써서,
이 단원에서 배운 한자들을 완성하세요.

問
물을 문

間
사이 간

閑
한가할 한

關
빗장 관

開
열 개

閉
닫을 폐

아래 문장을 읽고 알맞은 설명이 되도록 ◯ 하세요.

한자 '**問, 間, 閑, 關, 開, 閉**' 모두

'**門**(문 문)'의 | **뜻(모양)**과 | **소리**와 | 더욱 밀접한 관계를 맺고 있어요.

견	원	지	간
犬	猿	之	間
개 견	원숭이 원	갈 지	사이 간

'견원지간'은 위의 네 한자로 이루어진 말이에요.
이 단어의 겉으로 드러난 의미는
'개와 원숭이의 **사이**'예요.
이 말은 곧, 사이가 매우 나쁜 관계를 의미해요.
만나기만 하면 서로 싸우는 두 사람의 관계를
말할 때 이 단어를 사용해요.

예문을 통해 '견원지간'이 어떻게 쓰이는지 파악하고,
마지막 예문을 직접 만들어 써 보세요.

- 그 둘은 오해가 풀리지 않아 **견원지간**이 되어서 서로 말도 안 하고 지낸다.

- 두 나라는 정치적 갈등이 심하여 오랫동안 **견원지간**이었다.

▶

말씀 언

입[口]과 말소리가 나오는
모양을 합했어요.

뜻	소리
말씀	**언**

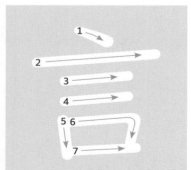

言	言			

한자 미리 만나기

		뜻	소리
	言	말씀	언
1	計	세다	계 · 셀 계
2	許	허락하다	허 · 허락할 허
3	語	말씀	어 · 말씀 어
4	試	시험	시 · 시험 시
5	調	고르다	조 · 고를 조

셀

계

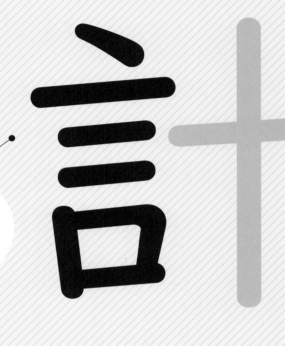

'言(말씀 언)'의
뜻은
'**말**'이에요.

'十(열 십)'의
뜻은
'**열(10)**'이에요.

셀 계

計

● 숫자 10[十]까지 말[言]로 헤아리며 세는 모양을 합했어요.

셈을 할 때에는 수를 차근차근 헤아리며 세어요.

'言(말씀 언)'에 '十(열 십)'을 더하여, '計(셀 계)'의 모양을 완성하세요.

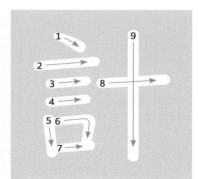

計	計	計	計	

어떻게 쓰일까요?

★ **'센다'**는 것은 수를 헤아린다는 의미예요. 셈을 한다는 **'계산하다'**의 뜻으로도 쓰여요.
꼭 숫자가 아니라 어떤 일을 미리 짐작하여 **'헤아리는'** 경우에도 쓸 수 있어요.

이 한자가 쓰인
네 개의 단어가 있어요.
어떤 뜻일까요?

 계획   생계   통계   합계

> 각 단어를 한글로 쓴 다음, 단어를 이루는 한자의 뜻을 참고하여 알맞은 뜻풀이에 연결하세요.

1 합 計 [　　　　]
합할 **합**　셀 **계**

　　• ㉠ 한데 합하여 **계산함**.

2 통 計 [　　　　]
거느릴 **통**　셀 **계**

　　• ㉡ 앞으로의 일을 미리 **헤아려**
　　　할 일을 꾀함.

3 計 획 [　　　　]
셀 **계**　꾀할 **획**

　　• ㉢ 살림을 살아 나가기 위해
　　　헤아린 방법.

4 생 計 [　　　　]
살 **생**　셀 **계**

　　• ㉣ 어떤 현상을 한눈에 보기 쉽게
　　　일정한 체계에 따라 **계산하여**
　　　숫자로 나타낸 것.

> 아래의 문장에 들어갈 가장 알맞은 단어를 위에서 골라 쓰세요.

5 중학생을 대상으로 한 [　　　　] 조사에 따르면, 학생들 대부분의 수면 시간이 부족했다.

6 큰 홍수로 한 해 농사를 다 망친 농민들은 눈앞의 [　　　　] 걱정에 막막해졌다.

허락할

허

'言(말씀 언)'의
뜻은
'말'이에요.

'午(낮 오)'의
뜻은
'낮'이에요.

허락할 허

許 ● 밝은 대낮[午]처럼 명확하게 하는 말[言]이라는 모양을 합했어요.
정오인 낮 열두 시는 하루 중 가장 밝은 때예요.

'言(말씀 언)'에 '午(낮 오)'를 더하여, '許(허락할 허)'의 모양을 완성하세요.

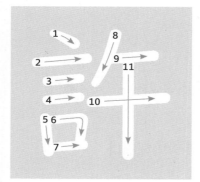

許	許	許	許	

★ **'허락한다'**는 것은 요청하는 일을 하도록 들어준다는 의미예요.
요청하는 사람과 그것을 들어주는 사람 사이에 어떻게 하기로 **'약속한'** 것이에요.

이 한자가 쓰인
네 개의 단어가 있어요.
어떤 뜻일까요?

(특허) (무면허) (허가) (허용치)

> 각 단어를 한글로 쓴 다음, 단어를 이루는 한자의 뜻을 참고하여 알맞은 뜻풀이에 연결하세요.

1 **許 가** ☐
허락할 **허** 옳을 **가**

• ㉠ **허락하여** 받아들이는 정도를
나타내는 수치.

2 **許용치** ☐
허락할 **허** 얼굴 **용** 값 **치**

• ㉡ 행동이나 일을 하도록 **허락함**.

3 **특 許** ☐
특별할 **특** 허락할 **허**

• ㉢ 특정한 일을 할 수 있도록
허락해 주는 면허가 없음.

4 **무면 許** ☐
없을 **무** 면할 **면** 허락할 **허**

• ㉣ 새로운 기술을 생각해 낸 사람이
그에 관한 권리를 독차지하도록
특별히 **허락하는** 것.

> 아래의 문장에 들어갈 가장 알맞은 단어를 위에서 골라 쓰세요.

5 공사장에서 정해진 ☐ 이상의 소음이 계속 울려서 주민들이 고통받고 있다.

6 다른 기업이 ☐ 를 가지고 있는 부품은 우리 회사가 함부로 만들 수 없다.

3

말씀
어

'**言**(말씀 언)'의
뜻은
'**말**'이에요.

'**吾**(나 오)'의
소리는
'**오**'예요.

이 소리가
변하기도 해요.

말씀 어

語

● '**言**'의 뜻[말씀]과 '**吾**'의 소리[오→어]를 가졌어요.

나 자신의 의견을 담은, 나의 말이에요.

'**言**(말씀 언)'에 '**吾**(나 오)'를 더하여, '**語**(말씀 어)'의 모양을 완성하세요.

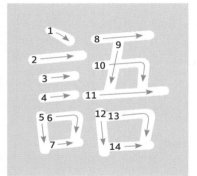

語	語	語	語	

어떻게 쓰일까요?

★ 원래는 상대와 이야기하며 나오는 '자기의 생각을 담은 말'이라는 뜻을 담고 있으나,
넓게 보아 일반적인 **말, 말씀**, '**단어**'의 뜻으로 쓰여요.

이 한자가 쓰인
네 개의 단어가 있어요.
어떤 뜻일까요?

(외래어)　(어순)　(어조)　(경어)

> 각 단어를 한글로 쓴 다음, 단어를 이루는 한자의 뜻을 참고하여 알맞은 뜻풀이에 연결하세요.

1
경 語

공경할 **경**　말씀 **어**

• ㉠ 목소리의 높낮이나 길이와 같은
가락으로 느껴지는 **말**의 기운.

2
외 래 語

바깥 **외**　올 **래**　말씀 **어**

• ㉡ 상대를 공경하여 높이는 **말**.

3
語 순

말씀 **어**　순서 **순**

• ㉢ 한 문장 안에서
글이나 말이 놓이는 일정한 순서.

4
語 조

말씀 **어**　가락 **조**

• ㉣ 외국에서 들어온 **말**로,
국어에서 널리 쓰이는 단어.

> 아래의 문장에 들어갈 가장 알맞은 단어를 위에서 골라 쓰세요.

5　현재 쓰이는 [　　　] 중에는 '버스'나 '컴퓨터'처럼 영어에 기원을 두고 있는 것이 많다.

6　너무나 간곡한 친구의 [　　　] 에 나도 모르게 부탁을 들어주겠다고 약속했다.

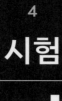

시험
시

'式(법 식)'의
뜻은
'**법**'이에요.

'言(말씀 언)'의
뜻은
'**말**'이에요.

시험 시

試

● 일정한 법[式]에 따라 말하는[言] 모양을 합했어요.

규칙에 맞게 잘하는지 검사를 받는 것이 바로 시험이에요.

'言(말씀 언)'에 '式(법 식)'을 더하여, '試(시험 시)'의 모양을 완성하세요.

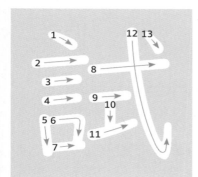

試	試	試	試	

★ 일반적인 '**시험**'의 뜻으로 쓰여요. 무엇을 '**시험 삼아**' 해 본다는 뜻으로도 쓰이고,
무엇을 '**시험하다**', '**검사하다**'의 뜻으로도 확장되어요.

이 한자가 쓰인
네 개의 단어가 있어요.
어떤 뜻일까요?

시식   시도   응시   시사회

> 각 단어를 한글로 쓴 다음, 단어를 이루는 한자의 뜻을 참고하여 알맞은 뜻풀이에 연결하세요.

1
試 식
시험 **시** 먹을 **식**

ㆍ ㉠ 영화 따위를 일반에게 공개하기
전에 **시험적으로** 먼저 보이기
위해 이루어지는 모임.

2
試 사 회
시험 **시** 베낄 **사** 모일 **회**

ㆍ ㉡ 어떤 일을 이루기 위하여
시험 삼아 계획하거나 행동함.

3
試 도
시험 **시** 계획할 **도**

ㆍ ㉢ **시험**에 응함.

4
응 試
응할 **응** 시험 **시**

ㆍ ㉣ 음식의 맛을 보려고
시험 삼아 먹어 봄.

> 아래의 문장에 들어갈 가장 알맞은 단어를 위에서 골라 쓰세요.

5 동네 빵집은 [   ] 행사를 열어 손님들에게 신선하고 맛있는 빵을 홍보하였다.

6 하고 싶은 일이 있을 때 [   ] 도 해 보지 않고 포기하는 건 좋지 않다.

고를
조

'言(말씀 언)'의
뜻은
'말'이에요.

'周(두루 주)'의
뜻은
'두루'예요.

두루는
'빠짐없이 골고루'
라는 뜻이에요.

고를 조

調

● 말[言]로써 두루[周] 어울리게 하는 모양을 합했어요.

두루 어울리려면 성격이 고르고 모난 데 없이 한결같아야 해요.

'言(말씀 언)'에 '周(두루 주)'를 더하여, '調(고를 조)'의 모양을 완성하세요.

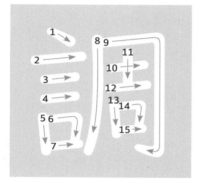

調	調	調	調	

★ '**고르다**'는 것은 여럿이 다 높낮이, 크기, 모양 따위의 차이가 없이 한결같다는 의미예요.
이 의미는 '**조절하다**', '**맞추다**'에서 더 나아가 '**어울리다**'의 뜻으로도 확장되어요.

이 한자가 쓰인
네 개의 단어가 있어요.
어떤 뜻일까요?

(협조)　(조절)　(조미료)　(조율)

> 각 단어를 한글로 쓴 다음, 단어를 이루는 한자의 뜻을 참고하여 알맞은 뜻풀이에 연결하세요.

1 調미료 [　　　　]
　　고를 **조** 맛 **미** 헤아릴 **료**

2 調절 [　　　　]
　　고를 **조** 마디 **절**

3 調율 [　　　　]
　　고를 **조** 가락 **률**

4 협調 [　　　　]
　　합할 **협** 고를 **조**

　⑦ 균형에 맞게 **바로잡거나**
　　상황에 **알맞게 맞춤**.

　ⓒ 힘을 합하여
　　서로 **잘 어울리도록 함**.

　ⓒ 음식의 맛을
　　알맞게 맞추는 데에 쓰는 재료.

　② 악기의 소리를 기준이 되는 음에
　　맞추어 **고름**.

> 아래의 문장에 들어갈 가장 알맞은 단어를 위에서 골라 쓰세요.

5 음식에서 인공 [　　　　]의 맛이 너무 강하게 느껴졌다.

6 오랫동안 [　　　　]하지 않은 피아노의 소리가 조금 이상하다.

말씀 언

> 입[口]과 말소리가 나오는 모양을 합했어요.
> 한자 '言(말씀 언)'의 뜻은 '**말**'이에요.

공통으로 들어가는 흐린 한자를 따라 써서,
이 단원에서 배운 한자들을 완성하세요.

셀 계

허락할 허

말씀 어

시험 시

고를 조

아래 문장을 읽고 알맞은 설명이 되도록 ◯ 하세요.

한자 '計, 許, 語, 試, 調' 모두

'言(말씀 언)'의 | 뜻(모양)과 | 소리와 | 더욱 밀접한 관계를 맺고 있어요.

유언비어

유	언	비	어
流	言	蜚	語
흐를 류	말씀 언	날 비	말씀 어

'유언비어'는 위의 네 한자로 이루어진 말이에요.
이 단어의 겉으로 드러난 의미는
'흘러 다니는 **말**과 날아다니는 **말**'이에요.
이 말은, 아무 근거 없이 널리 퍼진 소문을 뜻해요.
확실한 근거가 없는 이야깃거리는 믿지도,
남에게 함부로 전하지도 말아야 해요.

예문을 통해 '유언비어'가 어떻게 쓰이는지 파악하고,
마지막 예문을 직접 만들어 써 보세요.

● 나는 다른 아이들이 퍼트린 **유언비어** 때문에 오해를 받은 적이 있다.

● 그 연예인에 대한 심한 **유언비어**가 나돌자 그는 기자 회견을 열었다.

▶

정답

1단원 心

쪽	과	뜻	1	2	3	4	5	6
13쪽	1과	뜻 지	의지력 ㉡	동지 ㉠	투지 ㉢	지향 ㉣	동지	지향
15쪽	2과	슬플 비	비명 ㉡	비극 ㉢	비통 ㉠	무자비 ㉣	비극	무자비
17쪽	3과	쾌할 쾌	쾌활 ㉣	쾌락 ㉢	쾌청 ㉠	불쾌감 ㉡	쾌활	불쾌감
19쪽	4과	한 한	원한 ㉡	한탄 ㉣	애한 ㉠	여한 ㉢	원한	여한
21쪽	5과	반드시 필	필수품 ㉣	필요성 ㉠	필독서 ㉡	필살기 ㉢	필수품	필독서

22쪽 **단원 마무리** 뜻(모양)

2단원 人

쪽	과	뜻	1	2	3	4	5	6
27쪽	1과	자리 위	위상 ㉡	왕위 ㉢	지위 ㉣	우위 ㉠	왕위	지위
29쪽	2과	다를 타	타인 ㉣	타향 ㉠	타국 ㉢	타율 ㉡	타국	타율
31쪽	3과	지킬 보	보온병 ㉢	보존 ㉠	보장 ㉣	안보 ㉡	보장	안보
33쪽	4과	의지할 지	의뢰 ㉠	의존도 ㉢	의타심 ㉣	귀의 ㉡	의뢰	귀의
35쪽	5과	빌릴 차	차관 ㉠	차용증 ㉢	임차인 ㉣	음차 ㉡	음차	차용증

36쪽 **단원 마무리** 뜻(모양)

3단원 女

쪽	과	뜻	1	2	3	4	5	6
41쪽	1과	같을 여	여의봉 ㉠	여의주 ㉢	여전히 ㉣	결여 ㉡	여의봉	여전히
43쪽	2과	좋을 호	호감 ㉢	기호품 ㉡	선호도 ㉠	동호회 ㉣	호감	선호도
45쪽	3과	비로소 시	시동 ㉣	개시 ㉢	원시인 ㉡	창시자 ㉠	개시	창시자
47쪽	4과	편안할 안	안식처 ㉣	안락 ㉠	위안 ㉡	보안 ㉢	안락	보안
49쪽	5과	중요할 요	요약 ㉢	요인 ㉠	요충지 ㉡	강요 ㉣	요약	요충지

50쪽 **단원 마무리** 뜻(모양)

4단원 己

쪽	과	뜻	1	2	3	4	5	6
55쪽	1과	꺼릴 기	금기 ㉢	시기 ㉣	기피 ㉠	기일 ㉡	금기	시기
57쪽	2과	기록할 기	필기구 ㉠	기자 ㉢	수기 ㉣	사기 ㉡	필기구	수기
59쪽	3과	벼리 기	기원 ㉡	기행문 ㉠	세기 ㉣	기강 ㉢	기행문	세기
61쪽	4과	일어날 기	기립 ㉡	돌기 ㉣	봉기 ㉠	제기 ㉢	기립	제기

62쪽 **단원 마무리** 소리

5단원 辶

쪽	과	뜻	1	2	3	4	5	6
67쪽	1과	가까울 근	근래 ㉠	근시 ㉣	근해 ㉢	접근성 ㉡	근래	접근성
69쪽	2과	보낼 송	발송 ㉢	전송 ㉠	송유관 ㉡	송별회 ㉣	전송	송별회
71쪽	3과	길 도	인도 ㉣	편도 ㉠	궤도 ㉢	도리 ㉡	궤도	편도
73쪽	4과	거스를 역	역행 ㉠	역경 ㉢	역전 ㉣	반역자 ㉡	역경	역전
75쪽	5과	빠를 속	음속 ㉡	광속 ㉣	과속 ㉢	가속도 ㉠	과속	가속도
77쪽	6과	나아갈 진	진로 ㉢	돌진 ㉠	촉진 ㉣	후진 ㉡	진로	촉진

78쪽 **단원 마무리** 뜻(모양)

6단원 土

쪽	과	뜻	1	2	3	4	5	6
83쪽	1과	땅 지	녹지 ㉢	습지 ㉠	서식지 ㉣	간척지 ㉡	녹지	서식지
85쪽	2과	고를 균	평균 ㉡	불균형 ㉣	균일 ㉢	균등 ㉠	평균	불균형
87쪽	3과	앉을 좌	좌석 ㉣	좌욕 ㉠	좌초 ㉡	정좌 ㉢	좌초	정좌
89쪽	4과	집 당	식당 ㉠	성당 ㉢	경로당 ㉣	명당 ㉡	성당	명당
91쪽	5과	굳을 견	견과 ㉣	견고 ㉠	견지 ㉢	중견 ㉡	견고	중견

92쪽 **단원 마무리** 뜻(모양)